Gabriel Massias

Investire in Oro per Principianti:

Proteggete il vostro Patrimonio dall'Inflazione, Guadagnate Soldi e Diversificate i vostri Investimenti con Strategie Semplici ed Efficaci

The 3M Bros Company

Esclusione di responsabilità:

Le informazioni contenute in questo libro hanno uno scopo puramente educativo e informativo. L'autore e l'editore non garantiscono che le strategie descritte producano risultati per tutti i lettori. È importante capire che i risultati dipendono da molti fattori, quali l'industria, la concorrenza, l'economia e altri fattori esterni. Di conseguenza, l'autore e l'editore non possono essere ritenuti responsabili per eventuali danni o perdite subiti in relazione all'applicazione delle informazioni contenute in questo libro.

Vorrei esprimere la mia gratitudine a mio zio Roland, che è sempre stato per me un mentore e una guida. Il suo sostegno e i suoi consigli sono stati preziosi durante la stesura di questo libro.

Sono orgoglioso di poter condividere con voi queste conoscenze e sono convinto che le informazioni presentate vi aiuteranno a prendere il controllo del vostro futuro finanziario.

Grazie ancora, Roland, per il tuo contributo al mio sviluppo!

Indice

PERCHÉ AVETE BISOGNO DI QUESTO LIBRO?

Oro. Una parola così semplice, ma che evoca tante emozioni, sogni e aspirazioni. Per alcuni l'oro è simbolo di ricchezza e prosperità, per altri di sicurezza e stabilità.

Investire in oro sembra complesso, può persino intimidire, soprattutto se non conoscete i meccanismi che regolano questo mercato. Ma avete mai sognato la libertà che potrebbe derivare da un reddito extra, generato non dai frutti del vostro lavoro, ma dal vostro oro, che lavora per voi giorno e notte?

Se siete pronti a uscire dalla vostra zona di comfort e a investire nel vostro futuro, questo libro è il compagno perfetto per il vostro viaggio!

La mia storia con l'oro è iniziata quando ero ancora giovane. All'epoca pensavo ingenuamente che il segreto di una vita finanziaria di successo risiedesse semplicemente nel duro lavoro e nel risparmio. Tuttavia, con il passare del tempo e l'esperienza, mi sono reso conto che questa strategia, seppur ammirevole, non mi avrebbe portato all'indipendenza finanziaria che desideravo.

Fu durante una cena di famiglia che la mia visione dell'oro cambiò completamente. Mio zio Roland, un investitore esperto il cui successo finanziario era innegabile, mi raccontò la sua storia. Attribuiva parte della sua fortuna ai suoi saggi investimenti in oro.

Mi raccontò con passione come aveva trasformato il suo primo stipendio in una vera e propria miniera d'oro, comprendendo fin da subito l'enorme potenziale di questo metallo prezioso per preservare e aumentare la ricchezza.

La sua storia mi ha incuriosito e mi ha spinto a esplorare il mondo dell'oro. Ho iniziato a fare ricerche, a leggere libri, a frequentare seminari e a imparare gradualmente come utilizzare l'oro come strumento di investimento. Con il tempo, ho messo a punto le mie strategie di investimento e ho iniziato a vedere i primi guadagni.

Lì ho capito il ruolo chiave dell'oro nella creazione e nella conservazione della ricchezza. Ecco perché oggi sono un fervente sostenitore dell'investimento in oro e perché sono desideroso di condividere le mie conoscenze con voi.

Ma non bisogna illudersi: il mio viaggio non è stato privo di insidie. Come ogni avventura, il viaggio verso la libertà finanziaria attraverso gli investimenti in oro è pieno di sfide. Ho dovuto affrontare le mie paure, uscire dalla mia zona di comfort e, soprattutto, imparare dai miei errori.

Ho iniziato a investire gradualmente, studiando il mercato, comprendendo le fluttuazioni dei prezzi dell'oro e imparando a leggere i segnali economici. Mi sono reso conto che la diversificazione dei miei investimenti, non solo in oro fisico, ma anche in azioni di società minerarie e in fondi negoziati in borsa (ETF) legati all'oro, era la chiave per ridurre il rischio e massimizzare i rendimenti.

Oggi vorrei condividere con voi i miei successi e i miei fallimenti, in modo che possiate iniziare a investire nell'oro con un certo vantaggio.

Questo libro non è un manuale, ma piuttosto una guida che vi aiuterà a navigare nell'affascinante mondo dell'oro. Il segreto di un buon investitore è la capacità di imparare continuamente e di adattarsi ai cambiamenti.

All'età di 34 anni, posso dire con orgoglio di essere riuscito a creare una fonte di reddito passivo e a mettere al sicuro una parte del mio patrimonio grazie ai miei investimenti in oro.

Sono lieto di condividere questa esperienza con voi attraverso questo libro, nella speranza che la mia storia vi ispiri e vi aiuti a raggiungere i vostri obiettivi finanziari.

È ora di prendere il controllo del vostro futuro finanziario... Siete pronti ad agire e a scoprire il potere dell'oro?

La vostra opinione conta!

***Una volta terminato il libro,
condividete la vostra opinione.***

Il vostro feedback sarà utile per i futuri lettori.

***Non vedo l'ora di scoprire l'impatto che
questo libro ha avuto su di voi.***

***Grazie in anticipo per il vostro contributo e buona
lettura!***

PARTE 1: LE BASI DELL'INVESTIMENTO IN ORO

"Nessuna fortezza è inespugnabile, purché un asino carico d'oro possa raggiungerla".

Plutarco

CAPITOLO 1:

L'ORO: STORIA E RUOLO NELL'ECONOMIA

A. L'ORO NELLA STORIA

Metallo sacro, simbolo divino

L'oro, dal latino aurum, ricorda l'alba e il colore del sole che sorge.

Metallo sacro, simbolo divino, seduttore ineguagliabile, ha sempre stupito l'umanità dal momento in cui ha scoperto le sue pepite scintillanti nelle acque dei fiumi o sotto la ganga dei minerali.

Se da un lato è sinonimo di fortuna, dall'altro è anche legato all'esistenza degli dei e ai rituali dei loro culti.

Inizialmente il suo valore era simbolico, in quanto il metallo era molto morbido e non poteva essere utilizzato per fabbricare utensili o punte di freccia per la caccia. Il colore solare e la brillantezza lo resero il metallo per eccellenza per la gioielleria.

E l'uomo l'ha addomesticato

Facilmente lavorabile, l'uomo è stato in grado di dargli molte forme e quindi di addomesticarlo dando libero sfogo alla sua immaginazione.

Inalterabile all'aria e all'acqua, ma anche agli acidi a basse temperature, associato al sole e utilizzato come ornamento fin dalla notte dei tempi, in tutte le civiltà, l'oro, il metallo magico e prezioso per eccellenza, conserva ancora oggi il suo potere di attrazione e fascino.

Primi impieghi dell'oro

L'oro è sempre stato apprezzato per la sua bellezza e rarità. Fin dall'antichità, diverse civiltà hanno utilizzato l'oro come moneta e ornamento. Gli Egizi, ad esempio, erano affascinati dall'oro e lo consideravano un simbolo di potere e ricchezza. Estraevano l'oro e lo usavano per creare gioielli e oggetti funerari per i faraoni.

Anche i Romani utilizzavano molto l'oro. Introdussero l'aureo, una moneta d'oro che divenne la valuta standard dell'Impero Romano.

L'oro ha avuto un ruolo cruciale anche nelle civiltà greca, persiana e cinese, dove veniva utilizzato per realizzare oggetti d'arte, gioielli e monete.

Sistema aureo: quando l'oro sosteneva il valore delle monete

Il sistema aureo è un sistema monetario in cui il valore di una moneta è direttamente collegato a una specifica quantità di oro. Fu ampiamente adottato nel XIX secolo e durò fino alla prima metà del XX secolo. Con il sistema aureo i governi si impegnavano a scambiare la loro moneta con una quantità fissa di oro su richiesta. Ciò garantiva il valore della moneta e assicurava tassi di cambio stabili tra i Paesi.

Il sistema aureo raggiunse il suo apice tra la fine del XIX e l'inizio del XX secolo, quando la maggior parte dei Paesi industrializzati lo adottò per facilitare il commercio internazionale e garantire il valore della propria moneta.

Abbandono del sistema aureo

Il sistema aureo è stato gradualmente abbandonato nel corso del XX secolo. Le ragioni erano molteplici. La Prima guerra mondiale costrinse molti Paesi a sospenderlo temporaneamente per finanziare le spese militari.

Successivamente, la Grande Depressione del 1929 innescò una crisi economica globale che portò alla perdita di fiducia nel sistema aureo e al suo abbandono da parte della maggioranza dei Paesi.

Da allora, i Paesi sono passati a sistemi di moneta fiduciaria, in cui il valore della moneta non è più sostenuto dall'oro, ma si basa sulla fiducia nelle istituzioni monetarie e nella gestione economica dei governi. In questo sistema, le banche centrali sono responsabili del controllo dell'offerta di moneta e del mantenimento della stabilità dei prezzi.

L'abbandono del sistema aureo ha anche dato ai governi una maggiore flessibilità nella gestione delle loro economie, consentendo di attuare politiche monetarie e fiscali più adatte alle loro specifiche esigenze. Tuttavia, questo cambiamento ha portato con sé anche dei rischi, come l'inflazione e le fluttuazioni dei tassi di cambio, che hanno un impatto sul valore della moneta e, di conseguenza, sulla ricchezza degli individui e delle nazioni...

Sebbene il sistema aureo non sia più in vigore, l'oro continua a svolgere un ruolo importante nell'economia globale. Le banche centrali continuano a detenere grandi quantità di oro come riserva per rafforzare la fiducia nelle loro monete. Inoltre, l'oro è ancora considerato una riserva di valore e un bene rifugio in tempi di incertezza economica e geopolitica.

In sintesi, la storia dell'oro dimostra che è sempre stato un bene prezioso e ricercato, come moneta, come simbolo di potere o come investimento. Sebbene i sistemi monetari si siano evoluti, l'oro continua ad avere un impatto significativo sull'economia e rimane una scelta di investimento popolare per molte persone in tutto il mondo.

B. L'ORO COME RISERVA DI VALORE

Proprietà uniche e rarità

L'oro è considerato una riserva di valore stabile grazie alle sue proprietà uniche e alla sua rarità.

Utilizzato come mezzo per immagazzinare ricchezza per migliaia di anni, continua a essere una scelta di investimento popolare. Ecco i motivi per cui l'oro è considerato una riserva di valore stabile, soprattutto in tempi di crisi economica e inflazione.

Rarità e resistenza

L'oro è un metallo raro, il che lo rende una risorsa preziosa. Inoltre, non si corrode e può essere conservato a lungo senza perdere valore. Queste caratteristiche rendono l'oro un bene interessante per preservare la ricchezza nel lungo periodo.

I geologi stimano che la quantità totale di oro estratto dall'inizio della storia dell'umanità sia di circa 190.000 tonnellate. Sebbene possa sembrare molto, se tutto l'oro estratto venisse messo insieme, formerebbe un cubo di circa 21 metri quadrati. Per visualizzare meglio questa quantità, immaginate un campo da basket: un cubo d'oro di queste dimensioni entrerebbe a malapena al centro del campo!

Inoltre, gli esperti stimano che solo 50.000-70.000 tonnellate d'oro devono ancora essere scoperte nel sottosuolo. Data la crescente domanda di oro e la difficoltà di scoprire nuovi giacimenti, l'oro dovrebbe logicamente diventare sempre più raro nel tempo!

Indipendenza dalle monete

Il valore dell'oro non è legato a una specifica moneta o alla performance economica di un paese. L'oro funge quindi da copertura contro le fluttuazioni delle monete fiduciarie e i relativi rischi economici.

Durante la crisi economica globale del 2008, molti Paesi hanno subito una recessione, con un calo significativo del valore delle loro monete. Ad esempio, tra il 2007 e il 2009, il valore del dollaro statunitense è sceso significativamente rispetto ad altre monete, come l'euro.

Nello stesso periodo, tuttavia, il prezzo dell'oro è aumentato. Poiché gli investitori hanno perso fiducia nelle monete fiduciarie e nei mercati finanziari, si sono rivolti all'oro come bene rifugio. Tra il 2007 e il 2011, il prezzo dell'oro è quasi triplicato, passando da circa 700 dollari l'oncia al massimo storico di quasi 1.900 dollari l'oncia nel 2011.

Questo esempio dimostra che il valore dell'oro spesso evolve indipendentemente dalle monete fiduciarie e dall'andamento economico dei Paesi. L'oro offre quindi una protezione contro le fluttuazioni valutarie e i rischi economici, mantenendo il suo valore anche quando le monete fiduciarie perdono terreno!

Copertura in tempi di crisi

L'oro è spesso considerato una copertura contro l'inflazione, poiché il suo valore tende a crescere quando il livello generale dei prezzi aumenta. In periodi di inflazione, le monete fiduciarie perdono valore, mentre l'oro mantiene il suo valore reale. Questo è noto come valore intrinseco.

Gli investitori si rivolgono spesso all'oro per preservare il loro potere d'acquisto quando prevedono un aumento dell'inflazione.

Ecco i motivi fondamentali per cui l'oro è una copertura contro l'inflazione

- Rarità: uno dei motivi principali per cui l'oro è considerato una copertura contro l'inflazione è la sua rarità. Come spiegato in precedenza, la quantità di oro disponibile è limitata. Quando l'inflazione aumenta, il valore delle monete fiduciarie diminuisce, mentre aumenta la domanda di beni tangibili e rari come l'oro.

- Indipendenza dalle monete fiduciarie: l'oro non è direttamente legato a una specifica moneta, il che significa che è meno probabile che il suo valore sia influenzato dall'inflazione di una particolare moneta. A differenza delle monete fiduciarie, il cui valore può essere eroso da un'eccessiva creazione di moneta da parte delle banche centrali, l'oro è molto spesso protetto dagli effetti dell'inflazione.

- Storico di conservazione del valore: l'oro ha dimostrato di saper conservare il proprio valore nel tempo. Anche in contesti storici di forte inflazione, l'oro è spesso riuscito a mantenere o ad aumentare il proprio valore reale, offrendo una copertura a chi lo detiene.

- Percezione degli investitori: in genere gli investitori considerano l'oro un bene rifugio in tempi di incertezza economica e inflazione. Questa percezione rafforza la domanda di oro nei periodi di inflazione, contribuendo a sostenerne il valore.

Liquidità

L'oro è un bene la cui liquidità varia a seconda della forma e del mercato. In generale, l'oro sottoforma di monete e lingotti è considerato moderatamente liquido, poiché la sua vendita richiede una certa pianificazione e la ricerca di un acquirente o di un mercato appropriato.

La liquidità dell'oro, invece, è maggiore sotto forma di oro di carta, come le azioni di società aurifere, i fondi negoziati in borsa (ETF) garantiti dall'oro e i futures sull'oro, che vengono scambiati sui mercati finanziari. Se tutti questi termini non vi dicono nulla, non preoccupatevi, ne parleremo più dettagliatamente in seguito.

Il mercato dell'oro è attivo e diversificato, con una domanda costante da parte di investitori, banche centrali e industrie. Questa domanda contribuisce in qualche misura alla liquidità dell'oro.

C. DOMANDA E OFFERTA DI ORO

Domanda

Oreficeria

L'oreficeria rappresenta circa il 50% della domanda di oro a livello mondiale. L'oro viene utilizzato per realizzare vari tipi di gioielli e la domanda è particolarmente elevata in paesi come l'India e la Cina, dove l'oro è un importante elemento culturale e tradizionale.

Investimenti

Gli investimenti in oro, sotto forma di monete, lingotti, ETF e altri strumenti finanziari, rappresentano circa il 30% della domanda globale di oro.

Tecnologia

L'oro è utilizzato in molti prodotti tecnologici e industriali, compresi i componenti elettronici, grazie alla sua conducibilità elettrica e alla resistenza alla corrosione. La domanda di oro nella tecnologia rappresenta circa il 10% della domanda globale.

Banche centrali

Le banche centrali detengono oro come riserva di valore e per rafforzare la fiducia nelle loro valute. Questo rappresenta circa il 10% della domanda globale di oro.

Offerta

Ecco un elenco aggiornato dei maggiori Paesi produttori di oro, basato sui dati di produzione delle miniere d'oro al 2021:

- Con circa 368 tonnellate d'oro all'anno, la Cina è il più grande produttore d'oro al mondo e rappresenta circa l'11% della produzione mondiale.

- L'Australia è il secondo produttore d'oro al mondo, con una produzione annuale di circa 328 tonnellate, pari a circa il 10% della produzione globale.

- La Russia produce circa 295 tonnellate d'oro all'anno, pari a circa il 9% della produzione mondiale di oro.

- Gli Stati Uniti sono il quarto produttore di oro, con una produzione annuale di circa 200 tonnellate, pari al 6% del totale mondiale.

- Il Canada produce circa 170 tonnellate di oro all'anno, pari a circa il 5% della produzione mondiale.

- Il Perù è un altro grande produttore di oro, con una produzione annuale di circa 143 tonnellate, pari al 4,5% della produzione mondiale.

- Il Ghana è il più grande produttore d'oro dell'Africa, con una produzione annuale di circa 142 tonnellate, pari al 4,4% della produzione mondiale.

- Storicamente un gigante nella produzione di oro, il Sudafrica ha visto diminuire la sua produzione di oro negli ultimi anni. La produzione annuale è di circa 118 tonnellate, pari al 3,6% della produzione mondiale.

- Il Messico produce circa 111 tonnellate di oro all'anno, pari a circa il 3,4% della produzione mondiale.

- Il Brasile produce circa 107 tonnellate di oro all'anno, pari a circa il 3,3% della produzione mondiale.

Nota: queste cifre sono approssimative e variano di anno in anno a seconda delle condizioni di mercato, delle nuove scoperte e dei progressi tecnologici.

D. FATTORI CHE INFLUENZANO IL PREZZO DELL'ORO

Tassi di interesse

Il prezzo dell'oro è generalmente inversamente correlato ai tassi di interesse. Quando i tassi di interesse sono bassi, l'oro diventa più interessante come investimento, in quanto il costo opportunità legato alla detenzione di oro si riduce.

Quando i tassi di interesse sono bassi, il costo opportunità di detenere oro si riduce perché anche il rendimento di altri investimenti è basso.

Il costo opportunità è la differenza tra il rendimento di un investimento e il rendimento del migliore investimento alternativo.

In altre parole, quando i tassi d'interesse sono bassi, gli investitori guadagnano meno investendo il loro denaro in conti di risparmio, obbligazioni, alcune azioni, certificati di deposito, ecc.

In questa situazione, la detenzione di oro diventa più interessante, poiché il costo opportunità di non investire in questi altri investimenti è minore. Gli investitori sono quindi più propensi a detenere oro come mezzo per preservare la propria ricchezza e proteggersi dalle fluttuazioni economiche, il che spesso porta a un aumento della domanda di oro e, di conseguenza, a un incremento del suo prezzo.

Al contrario, quando i tassi d'interesse aumentano, gli investitori tendono a rivolgersi ad attività a più alto rendimento, provocando un calo della domanda di oro e, di conseguenza, una diminuzione del suo prezzo.

Inflazione

Come già detto, l'oro è spesso considerato una copertura contro l'inflazione. Quando l'inflazione aumenta, gli investitori cercano beni che mantengano il loro valore reale, il che porta a un aumento della domanda di oro e, di conseguenza, a un aumento del suo prezzo.

Domanda e offerta

Il prezzo dell'oro è influenzato anche dall'equilibrio tra domanda e offerta sul mercato. L'aumento della domanda di oro, ad esempio da parte di oreficeria, investitori o banche centrali, porterà a un aumento dei prezzi se l'offerta non tiene il passo. Al contrario, se l'offerta di oro aumenta e la domanda diminuisce, il prezzo dell'oro diminuisce.

Eventi geopolitici

Anche gli eventi geopolitici e le incertezze economiche globali influenzano il prezzo dell'oro. In tempi di tensioni geopolitiche o di instabilità economica, gli investitori cercano spesso beni sicuri per proteggere il proprio patrimonio, il che fa aumentare la domanda di oro e, di conseguenza, il suo prezzo.

Un evento geopolitico che ha influenzato il prezzo dell'oro è la pandemia COVID-19, iniziata nel 2020. Di fronte all'incertezza economica globale causata dalla pandemia, molti Paesi hanno cercato di rafforzare le proprie riserve d'oro come bene sicuro e riserva di valore.

Questi Paesi includono Russia, Cina, Stati Uniti e Arabia Saudita, oltre a Turchia, India, Kazakistan e Polonia.

Questi acquisti massicci di oro da parte delle banche centrali hanno contribuito a un aumento della domanda di oro e a un significativo incremento del suo prezzo...

Nel 2020, il prezzo dell'oro ha raggiunto un livello record, superando i 2.000 dollari l'oncia per la prima volta nella storia. Questo esempio illustra come gli eventi geopolitici e le incertezze economiche globali influenzino il prezzo dell'oro.

CAPITOLO 2:

LE DIVERSE FORME DI INVESTIMENTI IN ORO

1. MONETE D'ORO: TIPI, VANTAGGI E SVANTAGGI

Tipi di monete d'oro

Le monete d'oro sono monete coniate in oro da varie istituzioni monetarie in tutto il mondo. Sono generalmente disponibili in diverse dimensioni e pesi, che vanno da 1/10 di oncia a 1 oncia d'oro.

Che cos'è un'oncia?

L' oncia è un' unità di misura di massa utilizzata principalmente per pesare metalli preziosi come oro, argento e platino. Un'oncia troy, l'unità di misura più comunemente utilizzata per i metalli preziosi, equivale a circa 31,1035 grammi. Questa unità di misura ha origine nell'Impero romano ed è stata adattata nel tempo.

L'oncia troy è stata creata per facilitare il commercio dei metalli preziosi stabilendo un'unità di misura standard che permettesse a investitori, commercianti e istituzioni monetarie di confrontare e scambiare facilmente questi metalli.

Per un investitore è importante comprendere la misura dell'oncia troy per poter valutare e confrontare le diverse opzioni di investimento in metalli preziosi. I prezzi dei metalli preziosi sono solitamente quotati in dollari per oncia troy sui mercati finanziari e i prodotti come monete e lingotti d'oro sono spesso venduti in frazioni di oncia troy (ad esempio, 1/10, 1/4, 1/2 o 1 oncia). Conoscendo la misura in once troy, gli investitori possono calcolare il costo totale di un investimento in metalli preziosi e stabilire se è adatto al loro budget e ai loro obiettivi finanziari.

Tra le monete d'oro più popolari e riconosciute ci sono:

- American Gold Eagle
- Krugerrand sudafricano
- Maple Leaf canadese
- Filarmonica di Vienna
- Britannia

Queste monete sono generalmente coniate con una purezza d'oro di 22 o 24 carati.

Vantaggi delle monete d'oro

- Liquidità: le monete d'oro sono facili da acquistare e vendere grazie alla loro popolarità e al loro riconoscimento a livello mondiale. In qualità di investitori, è possibile venderle abbastanza rapidamente in caso di necessità.
- Purezza garantita: le monete d'oro emesse da istituzioni monetarie ufficiali hanno purezza e peso garantiti, il che assicura la qualità dell'investimento. Non rischiate di essere truffati acquistando una moneta sul mercato nero o una che non è nemmeno d'oro...

Purtroppo questo tipo di incidente capita ancora agli investitori alle prime armi.

- Flessibilità: le monete d'oro offrono una maggiore flessibilità agli investitori, in quanto sono disponibili in diverse dimensioni e pesi, consentendo un investimento adatto a tutte le tasche.

- Collezione: le monete d'oro sono spesso collezionate per il loro valore numismatico e il loro design, oltre che per il loro valore intrinseco. Come il vino, le auto d'epoca o gli orologi di lusso, l'investimento in monete d'oro può essere considerato un piacere. Gli investitori e i collezionisti apprezzano non solo il valore finanziario di queste monete, ma anche la loro bellezza artistica, la loro storia e la loro rarità. Di conseguenza, alcune monete d'oro possono acquisire un valore aggiuntivo come oggetti da collezione, oltre al semplice valore dell'oro.

Valore numismatico

Il valore numismatico è il valore assegnato a una moneta per il suo interesse storico, la sua rarità, il suo stato di conservazione e la richiesta da parte dei collezionisti, piuttosto che per il suo contenuto di metallo prezioso.

In altre parole, il valore numismatico è il valore aggiunto che collezionisti e investitori sono disposti a pagare per possedere una specifica moneta grazie a questi fattori distintivi. Questo valore è spesso superiore al valore intrinseco della moneta, che è determinato dalla quantità di metallo prezioso che contiene.

Svantaggi delle monete d'oro

- Premi: le monete d'oro sono generalmente vendute con un premio rispetto al prezzo dell'oro, a causa dei costi di produzione, distribuzione e commercializzazione. Questo premio riduce il rendimento dell'investimento. Non preoccupatevi, più avanti vedremo come capire e calcolare il premio per massimizzare il rendimento.

- Costi di deposito: le monete d'oro richiedono uno stoccaggio sicuro, che spesso comporta costi aggiuntivi per gli investitori.

- Volatilità numismatica: il valore numismatico di una moneta d'oro, che dipende dalla sua rarità e dallo stato di conservazione, è soggetto a fluttuazioni, e questo aggiunge un elemento di rischio all'investimento.

B. LINGOTTI E LINGOTTINI D'ORO: TIPI, VANTAGGI E SVANTAGGI

Tipi di lingotti e lingottini d'oro

I lingotti d'oro sono blocchi di oro puro, generalmente prodotti da fonderie e raffinerie riconosciute. Sono disponibili in diverse dimensioni e pesi, da pochi grammi a diversi chilogrammi.

I lingottini d'oro sono versioni più piccole dei lingotti, spesso utilizzati dai singoli investitori per facilitare la detenzione, il deposito e la vendita.

Vantaggi di lingotti e lingottini d'oro

- Purezza e qualità garantite: lingotti e lingottini d'oro sono generalmente certificati per la loro purezza e qualità, il che rassicura gli investitori sul valore del loro investimento.

- Costo inferiore per oncia: lingotti e lingottini d'oro offrono generalmente un costo per oncia inferiore rispetto alle monete d'oro, perché vengono prodotti in quantità maggiori e la fabbricazione è meno costosa.

- Facilità di deposito e trasporto: i lingotti d'oro sono facili da depositare e trasportare, grazie alla loro forma compatta e standardizzata.

Svantaggi di lingotti e lingottini d'oro

- Minore liquidità: la rivendita di lingotti e lingottini d'oro è spesso più difficile di quella delle monete d'oro, a causa delle loro dimensioni e del valore più elevato. Come investitori, potreste dover vendere a prezzi leggermente inferiori per trovare rapidamente un acquirente.

- Costi di produzione e deposito: come per l'acquisto di monete d'oro, l'investimento in lingotti e lingottini d'oro comporta ulteriori costi di produzione e deposito, soprattutto per gli investitori che scelgono di conservarli in strutture sicure.

- Nessun valore numismatico: a differenza delle monete d'oro, lingotti e lingottini d'oro non hanno generalmente alcun valore numismatico. Vengono acquistati e venduti esclusivamente per il loro contenuto d'oro.

C. SCEGLIERE L'INVESTIMENTO GIUSTO PER LE PROPRIE ESIGENZE

È essenziale scegliere la forma di investimento in oro che meglio si adatta ai vostri obiettivi finanziari, alla vostra tolleranza al rischio e alle vostre preferenze personali. Ecco alcuni punti da considerare per aiutarvi a fare la scelta giusta.

Obiettivi di investimento

Stabilite se state investendo in oro principalmente per preservare il vostro patrimonio, per diversificare il vostro portafoglio o per collezionare oggetti di valore numismatico.

Se volete essere più remunerativi possibile

Suggerisco di preferire la detenzione di oro sotto forma di lingotti e lingottini. Questo perché, come già detto, il costo delle monete d'oro è generalmente più elevato in termini di valore intrinseco.

Quando si acquistano monete d'oro, in genere si paga un premio superiore al valore effettivo dell'oro che contengono. Questo premio copre i costi di produzione, la distribuzione e il valore numismatico associato alla moneta.

Lingotti e lingottini d'oro, invece, hanno spesso premi più bassi, quindi è possibile acquistare più oro con lo stesso budget!

Se cercate una protezione contro l'inflazione

Lingotti e lingottini d'oro sono più appropriati, poiché queste forme d'oro hanno premi più bassi rispetto al valore reale dell'oro che contengono. In questo modo si ottimizza l'investimento in oro, preservando il proprio potere d'acquisto.

Se volete diversificare il vostro portafoglio

Per una strategia solida, consiglio di investire in diverse forme d'oro e in altri beni legati all'oro. Diversificando il portafoglio, si riducono i rischi legati alla concentrazione in un unico tipo di investimento.

In questo caso, potreste considerare di investire in una combinazione di oro sotto forma di lingotti, lingottini e monete, nonché in attività come azioni di società minerarie d’oro e fondi negoziati in borsa (ETF) basati sull'oro.

Non preoccupatevi, vi spiegherò tutto in modo molto più dettagliato in seguito!

Se la liquidità è importante per voi

Le monete d'oro più popolari e riconosciute sono più facili da vendere rispetto ai lingotti, poiché godono di una domanda più ampia e sono generalmente più facili da commerciare.

Tuttavia, anche lingotti e lingottini d'oro di dimensioni standard emessi da fonderie riconosciute possono offrire una liquidità sufficiente, ma in generale sarà più rapido vendere le monete.

Se volete diventare collezionisti appassionati

Le monete d'oro si rivelano molto più interessanti per voi.

CAPITOLO 3: COME VALUTARE QUALITÀ E VALORE DELL'ORO

A. PUREZZA DELL'ORO: CARATI E FINEZZA

Carati

Volete investire in oro? È necessario capire come si determina la qualità dell'oro. La purezza dell'oro è generalmente espressa in carati o finezza.

Il termine "carato" viene utilizzato per descrivere la percentuale di oro puro in una lega.

Un carato d'oro equivale a 1/24 della massa totale della lega. Pertanto, l'oro puro al 100% è indicato come 24 carati (24k).

→ Più alto è il numero di carati, più alto è il contenuto di oro puro.

Ecco alcuni esempi di purezza dei carati:

- Oro a 24 carati (24k): oro puro al 100%
- Oro a 22 carati (22k): oro puro al 91,67%
- Oro a 18 carati (18k): oro puro al 75%
- Oro a 14 carati (14k): oro puro al 58,33%

A seconda del paese, la purezza dell'oro utilizzato varia in base agli standard locali e alle tradizioni culturali!

In India: l'oro è una elemento essenziale della cultura indiana e la maggior parte dei gioielli è realizzata in oro 22 carati (oro puro al 91,67%). Tuttavia, in India sono disponibili anche oro 18 carati (oro puro al 75%) e oro 24 carati (oro puro al 100%).

Stati Uniti e Regno Unito: in questi Paesi, l'oro 14 carati (oro puro al 58,33%) e l'oro 18 carati (oro puro al 75%) sono comunemente utilizzati per i gioielli. L'oro 24 carati (oro puro al 100%) è generalmente riservato a lingotti, lingottini e monete d'oro.

Medio Oriente: i Paesi del Medio Oriente, come gli Emirati Arabi Uniti e l'Arabia Saudita, preferiscono generalmente l'oro 22 carati (oro puro al 91,67%) e l'oro 24 carati (oro puro al 100%) per i gioielli.

Europa continentale: gli standard europei per i gioielli in oro variano, ma l'oro 18 carati (oro puro al 75%) è generalmente lo standard più comune. Sul mercato si trovano anche oro 14 carati (oro puro al 58,33%) e oro 22 carati (oro puro al 91,67%).

Prima di effettuare un acquisto all'estero è assolutamente necessario tenere conto di tutte queste variazioni, poiché tutti i fattori influenzano il valore del vostro investimento!

La finezza

La finezza, invece, esprime il contenuto di oro puro in millesimi. Ad esempio, l'oro puro al 100% ha una finezza di 999,9 millesimi (o semplicemente 9999). Più alta è la finezza, più puro è l'oro. La finezza viene spesso utilizzata per misurare la purezza di lingotti e lingottini d'oro.

Ecco alcuni esempi di finezza:

- Oro 9999: oro puro al 99,99%
- Oro 9167: oro puro al 91,67%

- Oro 7500: oro puro al 75%
- Oro 5850: oro puro al 58,50%

Quando si acquista oro sotto forma di monete, lingotti o lingottini, è fondamentale conoscere la purezza dell'oro, poiché questa ha un impatto diretto sul suo valore intrinseco. In generale, gli investitori preferiscono l'oro di elevata purezza (24 carati o 9999 di purezza) per massimizzare il valore del loro investimento.

B. PESO, DIMENSIONI E PREZZO DI MONETE, LINGOTTI E LINGOTTINI

Siate vigili

I prezzi indicati di seguito sono stime basate sulle medie degli ultimi 5 anni e sono soggetti a fluttuazioni in base alle condizioni di mercato e alle variazioni del prezzo dell'oro. Vi consiglio di controllare i prezzi attuali e di confrontare le offerte di diversi fornitori prima di effettuare un acquisto.

Tipo	Peso	Misura approssimativa	Prezzo approssimativo (€)
Moneta d'oro	1/10 di oncia (3,11 g)	16 mm	150
Moneta d'oro	¼ di oncia (7,78 g)	22 mm	375
Moneta d'oro	½ di oncia (15.55 g)	27 mm	750
Moneta d'oro	1 oncia (31,1 g)	32 mm	1500
Lingottino d'oro	1 g	8 mm x 14 mm	55
Lingottino d'oro	5 g	15 mm x 25 mm	275
Lingottino d'oro	10 g	20 mm x 30 mm	550
Lingottino d'oro	20 g	25 mm x 40 mm	1100

C. LO SPREAD SULL'ORO

Capire lo spread sull'oro

Lo spread sull'oro è la differenza tra il prezzo di una moneta d'oro, di un lingotto o di un lingotto e il valore dell'oro in esso contenuto, sulla base del prezzo a pronti dell'oro (spot price).

In altre parole, lo spread rappresenta il costo aggiuntivo che si paga per possedere oro in una particolare forma, oltre al valore intrinseco dell'oro stesso.

Lo spread copre generalmente i costi di produzione, distribuzione e commercializzazione, oltre al margine di profitto del venditore. Le monete d'oro hanno spesso uno spread più alto rispetto a lingotti e lingottini, a causa del loro valore numismatico, del design e della tiratura limitata!

Calcolare facilmente lo spread sull'oro

Per calcolare lo spread sull'oro, è necessario conoscere il prezzo a pronti dell'oro, il peso e la purezza della moneta, del lingotto o del lingottino che desiderate acquistare e il prezzo totale che state pagando per quella forma d'oro. Ecco i passi da seguire per calcolarlo :

1. Se necessario, convertire il peso dell'oro in once troy (1 oncia troy = 31,1 grammi).

2. Moltiplicare il peso in once troy per il prezzo a pronti dell'oro per ottenere il valore intrinseco dell'oro.

3. Dividere il prezzo totale pagato per il peso in once troy per ottenere il prezzo per oncia pagato.

4. Sottraete il valore intrinseco dell'oro (fase 2) dal prezzo per oncia che pagate (fase 3) per ottenere lo spread sull'oro.

Esempio

Supponiamo di voler acquistare una moneta d'oro da un'oncia con una purezza 24 carati per 1.600 euro. Il prezzo a pronti dell'oro è di 1.500 euro l'oncia.

1. La moneta pesa già 1 oncia troy, quindi non è necessario convertirla.

2. Il valore intrinseco dell'oro è di 1.500 euro (1 oncia x 1.500 euro/oncia).

3. Il prezzo da pagare per ogni oncia è di 1.600 euro (1.600 euro / 1 oncia).

4. Lo spread sull'oro è di 100 euro (1.600-1.500 euro).

In questo esempio, si paga uno spread di 100 euro per la moneta d'oro da un'oncia.

D. Fattori che influenzano il valore dell'oro

Lingotti e lingottimi, un costo inferiore per oncia

Lingotti e lingottini d'oro offrono generalmente un costo per oncia inferiore a quello delle monete d'oro, perché il processo di produzione è più semplice ed economico.

Ecco le ragioni di questa differenza di costo:

- Produzione in serie: lingotti e lingottini d'oro sono prodotti in grandi quantità, il che ci permette di beneficiare delle economie di scala. In altre parole, maggiore è il numero di unità prodotte, più economica è la produzione di ciascuna unità.

- Produzione semplificata: lingotti e lingottini d'oro sono generalmente prodotti con un processo di fusione o di laminazione, meno costoso della coniazione di monete d'oro. Le monete, invece, richiedono un processo di coniazione più complesso, con stampi e attrezzature specifiche per dare alle monete la loro forma e i loro dettagli unici.

- Nessun valore numismatico: i lingotti d'oro sono valutati principalmente per il loro contenuto d'oro puro, indipendentemente dal loro design o valore numismatico. Le monete d'oro, invece, possono avere un valore numismatico aggiuntivo basato sulla loro rarità, storia o estetica. Questo valore numismatico aggiuntivo può comportare un costo per oncia più elevato per le monete d'oro rispetto a lingotti e lingottini.

Domanda e offerta

La domanda e l'offerta di oro sul mercato mondiale hanno un impatto significativo sul suo prezzo.

→ L'aumento della domanda di oro per investimenti, oreficeria o industria porta quasi sempre a un aumento dei prezzi.

Al contrario, una diminuzione della domanda o un aumento dell'offerta portano a un calo dei prezzi.

Tassi di interesse

Anche i tassi di interesse fissati dalle banche centrali influenzano il prezzo dell'oro.

Quando i tassi d'interesse sono bassi, il costo opportunità di detenere oro si riduce, rendendo l'oro più interessante come investimento e spingendo potenzialmente i prezzi al rialzo.

Quando i tassi d'interesse aumentano, il costo opportunità di detenere oro aumenta, spingendo gli investitori a ricorrere ad altri beni, riducendo la domanda di oro e facendo scendere i prezzi.

Inflazione

Come sapete, l'oro è spesso considerato una copertura contro l'inflazione.

Quando l'inflazione è elevata, il valore delle valute scende, spingendo gli investitori ad acquistare oro per preservare il loro potere d'acquisto. Di conseguenza, l'aumento dell'inflazione può portare a un incremento della domanda di oro e a un aumento dei prezzi.

Instabilità economica e politica

L'oro è considerato un bene rifugio in tempi di incertezza economica o politica.

Quando i mercati azionari sono volatili o i grandi eventi politici creano incertezza, gli investitori si rivolgono più spesso all'oro per proteggere il proprio patrimonio, con conseguente aumento della domanda e dei prezzi.

Dollaro USA

Il prezzo dell'oro è generalmente quotato in dollari USA. Di conseguenza, la forza del dollaro influenza il prezzo dell'oro.

Quando il dollaro aumenta rispetto ad altre valute, il prezzo dell'oro tende a diminuire perché diventa più costoso per gli investitori che detengono altre valute.

Al contrario, quando il dollaro si indebolisce, il prezzo dell'oro tende a salire.

All'inizio del 2008, il tasso di cambio tra l'euro e il dollaro USA era di circa 1,47 dollari per 1 euro.

Tuttavia, a seguito della crisi finanziaria e della recessione che ne è seguita, gli investitori si sono rivolti all'oro come bene rifugio, determinando un aumento della domanda e un incremento del suo prezzo.

Tra gennaio 2008 e settembre 2011, il prezzo dell'oro è passato da 600 a circa 1.900 dollari l'oncia!

Nello stesso periodo, il valore del dollaro USA ha oscillato rispetto all'euro. Di conseguenza, gli investitori europei hanno visto i loro rendimenti influenzati da queste fluttuazioni.

Nel dicembre 2008, il tasso di cambio tra l'euro e il dollaro è sceso a circa 1,25 dollari per 1 euro. Ciò ha fatto sì che l'oro fosse più conveniente per gli investitori europei, che hanno dovuto spendere meno euro per acquistare la stessa quantità di oro in dollari.

Tuttavia, nel giugno 2010, il tasso di cambio tra l'euro e il dollaro USA era risalito a circa 1,49 dollari per 1 euro. A quel punto, anche il prezzo dell'oro era salito. Gli investitori europei che avevano acquistato oro nel 2008, quando il tasso di cambio era più favorevole, hanno quindi beneficiato di un rendimento più elevato dovuto sia all'apprezzamento dell'oro sia alla variazione del tasso di cambio.

Questo esempio illustra l'importanza di tenere conto delle fluttuazioni valutarie quando si investe in oro, in quanto possono avere un impatto significativo sul rendimento complessivo degli investimenti.

CAPITOLO 4: STRATEGIE DI INVESTIMENTO E DIVERSIFICAZIONE DEL PORTAFOGLIO ATTRAVERSO L'ORO

A. Qual è la percentuale di oro nel proprio patrimonio?

Tra il 5% e il 20% del patrimonio totale

In genere si consiglia di investire in oro una percentuale compresa tra il 5% e il 20% del proprio patrimonio totale. Questa percentuale varia ovviamente in base alla situazione finanziaria, agli obiettivi di investimento e alla tolleranza al rischio di ciascuno.

Perché dal 5% al 20%?

L'intervallo tra il 5% e il 20% è generalmente consigliato per una serie di ragioni pratiche:

- Diversificazione: l'oro è spesso considerato una classe di attività separata da azioni, obbligazioni e immobili. Investire una percentuale compresa tra il 5% e il 20% del proprio patrimonio in oro aiuta a diversificare il patrimonio e a ridurre i rischi associati alla volatilità di altre classi di attività.

- Copertura contro l'inflazione: l'oro ha storicamente agito come copertura contro l'inflazione. Investire in oro una percentuale compresa tra il 5% e il 20% del proprio patrimonio aiuta a preservare il potere d'acquisto in caso di inflazione elevata.

- Stabilità: l'oro è generalmente considerato un bene rifugio in tempi di turbolenza economica e di incertezza sui mercati finanziari. Investendo tra il 5% e il 20% del vostro patrimonio in oro, potete beneficiare di questa relativa stabilità e ridurre l'impatto delle fluttuazioni di mercato sulla performance complessiva del vostro portafoglio.

- Liquidità: investire meno del 5% del proprio patrimonio in oro potrebbe non fornire una sufficiente diversificazione e copertura dall'inflazione e dalla volatilità. D'altra parte, investire più del 20% del proprio patrimonio in oro riduce la liquidità del portafoglio, poiché l'oro fisico è meno facile da convertire in contanti rispetto ad altre classi di attività come azioni o obbligazioni.

B. I 3 esempi

Vi fornirò 3 esempi per illustrare come la percentuale di oro in un portafoglio vari a seconda del livello di ricchezza e di reddito.

Esempio 1

- Patrimonio totale: 50.000 euro (reddito modesto)

- Quota d'oro consigliata: dal 5% al 10%

- Investimento in oro: tra 2.500 euro (5%) e 5.000 euro (10%)

In questo esempio, l'investitore ha un reddito modesto e un patrimonio limitato. È quindi consigliabile dedicare una quota minore del proprio portafoglio all'oro, per mantenere un certo grado di liquidità e poter far fronte a spese impreviste.

Esempio 2

- Patrimonio totale: 200.000 euro (reddito medio)
- Quota d'oro consigliata: dal 10% al 15%
- Investimento in oro: tra 20.000 euro (10%) e 30.000 euro (15%).

In questo caso, l'investitore dispone di un reddito intermedio e di una maggiore ricchezza. Può quindi permettersi di aumentare la quota di oro in portafoglio per avere una protezione aggiuntiva contro le fluttuazioni del mercato e per diversificare le proprie attività.

Esempio 3

- Patrimonio totale: 1.000.000 euro (reddito elevato)
- Quota d'oro consigliata: dal 15% al 20%
- Investimento in oro: tra 150.000 euro (15%) e 200.000 euro (20%).

In quest'ultimo esempio, l'investitore ha un reddito elevato e un patrimonio consistente. Potrebbe quindi prendere in considerazione la possibilità di aumentare la quota di oro nel suo portafoglio per proteggere ulteriormente il suo patrimonio e tutelarsi dalle incertezze economiche.

→ *Questi esempi hanno uno scopo puramente illustrativo e non costituiscono una consulenza finanziaria. Ogni investitore deve adattare la percentuale di oro nel proprio portafoglio in base alla situazione personale, agli obiettivi di investimento e alla tolleranza al rischio.*

PARTE 2:
ORO FISICO

"L'oro rappresenta ancora il metodo di pagamento per eccellenza nel mondo. Nel peggiore dei casi, la moneta fiduciaria non sarà più accettata da nessuno, mentre l'oro lo sarà ancora".

Alan Greenspan

CAPITOLO 5:

SCEGLIERE IL TIPO DI ORO PIÙ ADATTO AL PROPRIO PROFILO

A. SCEGLIERE TRA MONETE, LINGOTTI E LINGOTTINI IN BASE AL PROPRIO PROFILO

La forma d'oro più adatta ai vostri obiettivi

Nell'ambito di una strategia di investimento e di diversificazione del patrimonio, è essenziale scegliere la forma d'oro più adatta ai vostri obiettivi e al vostro profilo di investitori. Ciascuna tipologia di oro fisico (monete, lingotti e lingottini) presenta caratteristiche distinte.

Investire in diverse forme d'oro consente di beneficiare dei vantaggi specifici di ciascuna di esse, riducendo al contempo i rischi associati alla concentrazione su un'unica forma. Ecco alcuni aspetti da considerare quando diversificate il vostro portafoglio con diverse forme d'oro.

Monete d'oro

Ideale se siete alla ricerca di un investimento con valore numismatico, storico o artistico oltre al valore intrinseco dell'oro.

→ Sono adatti agli investitori che desiderano detenere piccole quantità di oro per una maggiore flessibilità.

Se siete principianti, vi consiglio di iniziare con le monete d'oro. È esattamente quello che ho fatto io.

Indipendentemente dall'entità del capitale (a meno che non siate già milionari), questo vi permette di familiarizzare con questo nuovo tipo di investimento, senza dover spendere grandi somme come nel caso dei lingotti.

- Tipo di investitore: principiante o investitore modesto (con una passione per la storia o gli oggetti da collezione).

- Patrimonio: moderato, compreso tra 5.000 e 30.000 euro.

- Occupazione: impiegato, insegnante, infermiere, tecnico o qualsiasi altra occupazione con un reddito stabile.

- Reddito: reddito annuo compreso tra 20.000 e 50.000 euro, che consente di destinare parte dei risparmi all'acquisto di monete d'oro.

Questo investitore è generalmente attratto dalle monete d'oro per il loro valore, ma anche per l'aspetto storico, artistico e numismatico, che aggiunge un tratto interessante al suo investimento.

Le monete d'oro offrono anche una certa flessibilità in termini di vendita, che si addice a questo tipo di investitori.

Lingottini d'oro

I lingottini d'oro sono una scelta saggia per gli investitori che vogliono familiarizzare con il mercato dell'oro senza investire grandi somme. Inoltre, offrono flessibilità in termini di detenzione, deposito e vendita.

I lingottini d'oro sono ideali per le persone con un reddito medio, che cercano un compromesso tra l'economicità delle monete d'oro e l'efficienza dei lingotti d'oro.

- Tipo di investitore: investitore principiante o prudente
- Patrimonio: modesto, che va da 50.000 a 200.000 euro.
- Occupazione: impiegato, insegnante, infermiere, tecnico o qualsiasi altro lavoro con un reddito stabile
- Reddito: reddito annuo compreso tra 25.000 e 40.000 euro

Lingotti d'oro

I lingotti d'oro sono adatti agli investitori che cercano un modo più economico di investire in oro, con premi più bassi rispetto alle monete d'oro.

I lingotti d'oro sono generalmente considerati adatti a persone con patrimonio e reddito elevati.

- Tipo di investitore: investitore a medio-lungo termine
- Patrimonio: tra 200.000 e 1.000.000 euro
- Occupazione: libero professionista, dirigente di alto livello o imprenditore
- Reddito: tra 50.000 e 100.000 euro annui

Questi investitori preferiscono i lingotti d'oro per beneficiare di un costo inferiore per oncia e di premi più bassi rispetto alle monete d'oro, pur potendo detenere grandi quantità d'oro per diversificare il proprio patrimonio.

B. Frequenza di acquisto

Acquisto una tantum vs. acquisto regolare (dollar-cost averaging)

Una delle scelte più importanti per un investitore in oro fisico è se effettuare un acquisto una tantum o un acquisto regolare. Entrambi gli approcci hanno vantaggi e svantaggi ed è importante tenerne conto per determinare la strategia migliore per voi.

→ Acquisto una tantum

Un investitore può scegliere di acquistare oro tutto in una volta, con l'obiettivo di ottenere un rendimento a lungo termine. Questo approccio può essere interessante se si dispone di un grande capitale da investire e se si ritiene che sia un buon momento per entrare nel mercato dell'oro. Tuttavia, un acquisto una tantum presenta un rischio maggiore in termini di tempistiche, poiché è difficile prevedere le fluttuazioni del mercato e il prezzo dell'oro può variare notevolmente nel breve periodo. In altre parole, potreste acquistare oro quando il prezzo è molto più alto del solito...

→ Acquisto regolare (dollar-cost averaging)

Questa strategia prevede l'investimento di un importo fisso a intervalli regolari (ad esempio, 200 euro di oro ogni mese o trimestre). Il dollar-cost averaging ha il vantaggio di attenuare le fluttuazioni del prezzo dell'oro su un periodo più lungo e di ridurre il rischio legato alle tempistiche sbagliate. Questo approccio è particolarmente adatto agli investitori che desiderano costituire una riserva d'oro in modo graduale senza preoccuparsi delle fluttuazioni di prezzo a breve termine.

Considerazioni sul timing di investimento

Il timing rappresenta un fattore chiave per massimizzare i rendimenti negli investimenti in oro. Tuttavia, il "market timing" è una strategia difficile, anche per i professionisti e gli investitori esperti.

Poiché le tendenze di mercato, gli eventi economici globali, la politica monetaria e i tassi di interesse influenzano tutti i prezzi dell'oro, prevedere con precisione i movimenti di mercato a breve termine è quasi impossibile!

Il "market timing" spesso porta a costosi errori...

Per gli investitori meno esperti o per quelli che non hanno il tempo o le conoscenze per monitorare costantemente il mercato dell'oro, la strategia da preferire è il dollar-cost averaging (DCA).

Questo approccio consente di ammortizzare il prezzo di acquisto dell'oro su un periodo più lungo e di ridurre il rischio di cattivo timing. Investendo regolarmente, si acquista oro a diversi livelli di prezzo e si ottiene un prezzo medio di acquisto più favorevole nel medio e lungo periodo!

CAPITOLO 6:

COME ACQUISTARE E VENDERE ORO

A. TROVARE RIVENDITORI D'ORO AFFIDABILI E RISPETTABILI

Cercate rivenditori affidabili

Trovare rivenditori affidabili e rispettabili è fondamentale per garantire transazioni sicure ed evitare di essere truffati... Come in tutti i settori che coinvolgono il denaro, le truffe e le frodi sono molto diffuse. Ecco perché vi consiglio di adottare i seguenti accorgimenti.

Scegliete marchi riconosciuti nel settore dell'oro, come GoldCore, BullionVault o JM Bullion. Queste società hanno consolidato la loro reputazione fornendo prodotti di qualità e un servizio clienti affidabile.

Se siete in Italia

Potete cercare rivenditori affidabili nel settore dell'oro fisico:

- **Oro Direct:** Una piattaforma online specializzata nella compravendita di oro fisico. Offre un'ampia selezione di prodotti certificati, inclusi lingotti e monete, e garantisce l'autenticità di ogni articolo. Oro Direct è conosciuto per il suo servizio clienti di alta qualità e per la sua trasparenza nelle transazioni.

- **Investire in Oro:** Una società con una solida presenza in Italia, specializzata nella compravendita di oro fisico. Con anni di esperienza nel settore, offre consulenze personalizzate e una vasta gamma di prodotti, inclusi lingotti e monete di varie dimensioni.

Queste aziende sono regolarmente sottoposte a controlli da parte delle autorità competenti per garantire la conformità delle loro pratiche. Tuttavia, questo non significa che si debba acquistare qualsiasi cosa a qualsiasi prezzo. Siate sempre consapevoli dei vostri acquisti e non fatevi ingannare dalle proposte dei venditori: siete voi a doverci guadagnare!

Consultate le recensioni online

Per conoscere le esperienze di altri clienti, leggete le recensioni e le testimonianze su siti specializzati come Trustpilot, Gold Dealer Reviews o Bullion.Directory. Questo vi darà un'idea della soddisfazione dei clienti e dell'affidabilità del commerciante.

Controllate le certificazioni e le garanzie

Scegliete rivenditori certificati da organizzazioni affidabili come LBMA (London Bullion Market Association) o ICTA (Industry Council for Tangible Assets). Queste certificazioni garantiscono la qualità e l'autenticità dei prodotti.

Confrontate prezzi e tariffe

Utilizzate i comparatori di prezzo online come GoldPrice.org, BullionVault o GoldBroker per assicurarvi di ottenere il prezzo migliore per l'acquisto. Tenete conto anche di spese di spedizione, commissioni ed eventuali costi di deposito.

Controllate le opzioni di pagamento

Assicuratevi che il rivenditore offra opzioni di pagamento sicure. I metodi più comuni includono bonifici bancari, carte di credito e piattaforme di pagamento online sicure come PayPal.

Controllate le politiche di reso e rimborso

Prima di effettuare un acquisto, verificate le condizioni di reso e rimborso del rivenditore. Assicuratevi che ci sia una garanzia di soddisfazione e che sia possibile restituire i prodotti difettosi o non conformi.

Contattate il servizio clienti

Prima di concludere l'acquisto, non esitate a contattare il servizio clienti del rivenditore per porre domande o chiedere chiarimenti. In questo modo potrete farvi un'idea più precisa della loro reattività e professionalità.

Iniziate con piccole transazioni

Se siete alle prime armi con l'acquisto di oro, iniziate con piccole transazioni, anche se ne avete i mezzi, per valutare l'affidabilità del rivenditore.

Iniziando con piccole transazioni, è possibile testare il loro servizio e verificare la qualità dei prodotti ricevuti. La prima volta che ho comprato oro ho iniziato con una piccola moneta da 300 euro, non ho iniziato comprando un lingotto da 10.000 euro!

B. Trappole da evitare...

Lingotti e monete d'oro contraffatti

Alcuni venditori sono stati segnalati per aver venduto lingotti d'oro che si sono rivelati contraffatti... Ad esempio, nel 2017 sono stati scoperti in Germania lingotti d'oro falsi contrassegnati dal marchio Heraeus. I falsi erano placcati d'oro ma contenevano tungsteno all'interno.

Falso certificato

Sono stati segnalati casi in cui i certificati di autenticità sono stati falsificati per dare una falsa impressione del valore e della provenienza di monete o lingotti d'oro. Ad esempio, nel 2018, un venditore negli Stati Uniti è stato arrestato per aver venduto monete d'oro contraffatte con certificati di autenticità falsi.

Frodi nelle vendite online

Sono stati segnalati siti web fraudolenti in cui i clienti effettuano pagamenti per acquistare oro, ma non ricevono mai i prodotti. Nel 2020, ad esempio, un sito web che affermava di vendere oro online è stato identificato come truffa, con i clienti che hanno perso il loro denaro senza mai ricevere i prodotti ordinati.

L'oro dell'Autobahn

Questa truffa è nata sulle autostrade tedesche e si è poi diffusa in Europa e negli Stati Uniti. Una persona vi ferma per strada e ha bisogno di raggiungere rapidamente un ospedale o un aeroporto ma ha finito la benzina o il denaro. La persona vi dà una collana o un braccialetto d'oro massiccio in cambio di denaro contante. In realtà, si tratta solo di falsi gioielli in rame...

Schema Ponzi

Sono stati segnalati diversi casi di schema Ponzi legati all'oro. Ad esempio, nel 2019 una società statunitense, Metals.com, è stata perseguita per aver ingannato gli investitori vendendo metalli preziosi sopravvalutati e utilizzando i fondi dei nuovi investitori per pagare i rendimenti ai vecchi investitori...

Vendita a prezzi eccessivi

Ci sono state segnalazioni di venditori che hanno offerto prezzi di gran lunga superiori al valore reale dell'oro offerto. Nel 2016, un venditore in Francia è stato condannato per aver venduto oro a prezzi ben superiori al suo valore reale, approfittando della scarsa conoscenza dei clienti.

Venditori non professionisti

Ci sono stati casi di venditori non professionisti che hanno venduto oro di scarsa qualità o proposto transazioni ingannevoli. Ad esempio, sono stati segnalati venditori occasionali su siti di annunci che hanno venduto oro di bassa qualità o lingotti falsi.

Questi esempi reali evidenziano l'importanza di essere vigili e attenti quando si acquista e si vende oro. È fondamentale verificare l'autenticità dei prodotti, trattare solo con venditori affidabili e condurre ricerche approfondite prima di concludere una transazione.

In Italia, la CONSOB (Commissione Nazionale per le Società e la Borsa) è l'ente statale responsabile della regolamentazione dei mercati finanziari e della protezione degli investitori. Fornisce informazioni e avvertimenti sulle truffe finanziarie, comprese quelle legate all'oro.

Per verificare se un sito di investimento in oro è legittimo e autorizzato dalla CONSOB, è possibile consultare l'elenco dei fornitori di servizi di investimento autorizzati disponibile sul sito ufficiale:

Sito web della CONSOB: www.consob.it

Sul sito dell'AMF si trovano anche avvisi e segnalazioni di società o siti web sospetti legati all'oro o ad altri investimenti fraudolenti.

C. SUGGERIMENTI PER LA RIVENDITA

Utilizzate sempre monete riconosciute

Optando sempre per monete correnti e ampiamente riconosciute sul mercato, faciliterete il processo di vendita e troverete più facilmente degli acquirenti. Ecco i motivi per cui dovreste dare la priorità alle monete correnti:

1. Liquidità: le monete correnti sono generalmente più liquide, il che significa che sono più facilmente rivendibili e che c'è un'elevata domanda sul mercato. I potenziali acquirenti sono più propensi a comprare le monete correnti, in quanto le conoscono e le considerano di valore consolidato.

2. Riconoscimento internazionale: monete correnti come il Krugerrand sudafricano, la Maple leaf canadese, l'American Eagle e il Britannia sono riconosciute e accettate in tutto il mondo. È possibile venderle più facilmente, indipendentemente dal Paese in cui ci si trova, rispetto a una moneta molto meno conosciuta che sarà più difficile da rivendere.

3. Prezzo competitivo: poiché i pezzi correnti sono più richiesti, vengono generalmente scambiati a prezzi competitivi. È più probabile che otteniate un prezzo equo e interessante quando vendete le monete.

4. Accessibilità: le monete correnti sono generalmente più accessibili in termini di disponibilità. È possibile acquistarli presso rivenditori specializzati, banche o

piattaforme online, il che ne facilita l'acquisizione e la successiva vendita.

Determinate la domanda di monete

Si consiglia di consultare siti specializzati come Kitco.com, APMEX.com o rivenditori riconosciuti come GoldCore, BullionVault o Le Comptoir National de l'Or.

Forniscono informazioni sui prezzi di mercato, sulla domanda e sulla popolarità delle diverse monete d'oro.

Considerate diverse opzioni

- Rivenditori specializzati: i rivenditori specializzati in oro fisico, come GoldCore, BullionVault o Le Comptoir National de l'Or, offrono servizi di vendita sicuri e affidabili. Possono aiutarvi a valutare le vostre monete, a determinarne il valore di mercato e a proporvi un prezzo competitivo.

- Aste online: le piattaforme d'asta online specializzate nella vendita di oro fisico possono essere un'opzione interessante per vendere monete e lingotti.

Prendete precauzioni

- Controllate la reputazione del rivenditore: esaminate le recensioni dei clienti precedenti e verificate la loro reputazione online. Scegliete un rivenditore affidabile e rispettabile per evitare potenziali problemi.

- Confrontate le offerte: prima di vendere i vostri pezzi, richiedete diverse offerte da diversi rivenditori o piattaforme. Confrontate i prezzi offerti, le spese e le condizioni di vendita per scegliere l'offerta migliore.

- Conservate i documenti: al momento della vendita, conservate tutti i documenti, tra cui fatture, certificati di autenticità ed estratti conto. Questi documenti sono spesso richiesti per dimostrare l'autenticità e la provenienza degli oggetti.

CAPITOLO 7: COME CONSERVARE ORO IN CASA

A. VANTAGGI E SVANTAGGI DEL DEPOSITO DOMESTICO

Vantaggi

- Accesso immediato: il vantaggio più evidente del deposito domestico è l'accesso diretto e immediato all'oro. In caso di crisi economica o di emergenza, potete accedere al vostro oro senza ritardi.

- Riservatezza: conservare l'oro in casa garantisce un elevato livello di riservatezza. Il vostro investimento rimane privato ed è noto solo a voi o a persone di fiducia.

- Nessuna spesa di custodia: a differenza di altre opzioni di deposito che comportano spese regolari, conservare l'oro a casa non comporta alcuna spesa.

Svantaggi

- Rischio di furto: il rischio principale associato al deposito domestico è il rischio di furto. L'oro è un bene prezioso che attira i ladri. È vivamente consigliato di adottare misure di sicurezza adeguate per proteggere il proprio investimento.

- Responsabilità: tenere l'oro in casa implica una grande responsabilità. Non solo bisogna assicurarsi che l'oro sia conservato in modo sicuro, ma bisogna anche proteggerlo da eventuali danni come incendi, allagamenti o perdite...

- Assicurazione: può essere difficile e costoso assicurare correttamente l'oro conservato in casa. Le polizze di assicurazione domestica standard generalmente non coprono gli oggetti preziosi come l'oro, o lo fanno solo fino a un certo limite.

B. CASSAFORTE

L'importanza di una cassaforte di alta qualità

Se avete scelto di custodire il vostro oro in casa, può valere la pena di investire in una cassaforte di alta qualità. Una cassaforte solida è la prima linea di difesa contro i rischi di furto, incendio e allagamento, che non vanno mai sottovalutati.

Prendiamo l'esempio di Martin, un investitore alle prime armi che ha deciso di acquistare regolarmente piccole quantità di oro. Inizialmente, per conservare le sue monete d'oro usava una piccola cassaforte da ufficio, fragile e facilmente trasportabile.

Purtroppo, durante un furto, la cassaforte fu rubata e Martin perse tutto il suo oro. Una lezione difficile, ma che sottolinea l'importanza cruciale di una cassaforte di alta qualità!

Scegliete la cassaforte giusta

- Cassaforte resistente al fuoco e all'acqua: scegliete un modello resistente al fuoco e all'acqua. Il vostro oro è protetto in caso di incendio o danni causati dall'acqua. Ancora una volta, è meglio prevenire, anche se questi incidenti sono rari.

- Chiusura sicura: le casseforti sono disponibili con diversi tipi di serratura. Le opzioni più comuni sono la serratura con chiave, la serratura con combinazione o la serratura biometrica. La scelta dipende dalle preferenze personali e dal livello di dimestichezza con ciascun metodo.

- Possibilità di fissaggio al pavimento o alla parete: per una maggiore sicurezza, potete optare per una cassaforte progettata per essere fissata al pavimento o alla parete. In questo modo è più difficile che la cassaforte venga spostata o portata via in caso di tentato furto.

Prezzi delle casseforti

I prezzi delle casseforti variano a seconda delle dimensioni, della funzionalità e della qualità costruttiva. Ammettiamolo, le casseforti di qualità rappresentano un investimento importante, ma offrono una protezione essenziale. I prezzi possono variare da poche centinaia di euro a diverse migliaia di euro, a seconda delle esigenze specifiche.

Per trovare le casseforti più adatte, potete consultare marchi rinomati come SentrySafe, Fort Knox, Chubb Safes o Burton Safes. Questi produttori offrono una gamma di casseforti di alta qualità e spesso offrono la consulenza di esperti per aiutarvi a scegliere il modello più adatto alle vostre esigenze.

Investire in una cassaforte di alta qualità è un investimento saggio per proteggere i vostri investimenti in oro. Prendete il tempo necessario per scegliere una cassaforte che offra la migliore sicurezza possibile, tenendo conto della resistenza al fuoco e all'acqua, del tipo di serratura e della possibilità di ancorarla.

Fate i conti! Se dovete acquistare una cassaforte del valore di 3.000 euro quando avete solo 300 euro di oro da proteggere, ha davvero senso per voi?

Fissaggio della cassaforte

Una cassaforte di alta qualità non è sufficiente da sola. Senza un fissaggio adeguato, un ladro potrebbe semplicemente portare via la cassaforte e aprirla in seguito come meglio crede...

Prendiamo Claire, un'esperta investitrice. Ha acquistato una cassaforte di alta qualità e l'ha fissata al cemento del suo seminterrato. Durante un tentativo di furto, i malintenzionati hanno individuato la cassaforte ma non sono riusciti a smuoverla, nonostante i loro sforzi. L'oro di Claire è rimasto al sicuro grazie a questa semplice precauzione.

La maggior parte delle casseforti di alta qualità è dotata di kit di fissaggio. In caso contrario, potete acquistare i bulloni di fissaggio in un negozio di ferramenta. Per l'installazione, rivolgetevi a un professionista se non siete pratici con questo tipo di lavoro.

La scelta di una cassaforte di alta qualità e la sua corretta installazione sono fondamentali per la conservazione dell'oro in casa.

Anche se queste precauzioni possono sembrare eccessive, fanno la differenza in caso di sinistro o furto. L'oro è un investimento prezioso, quindi merita una protezione all'altezza del suo valore!

C. Nascondigli

Segreti di un nascondiglio ben progettato

Ricordate l'adagio popolare "Nascondi qualcosa in bella vista". L'obiettivo è quello di scegliere un luogo di conservazione così ordinario, così comune, che nessuno penserebbe di guardare. Soprattutto perché la maggior parte delle casseforti ha un prezzo e, a meno che non vogliate conservare una grande quantità di oro, per il vostro portafoglio sono preferibili alcuni nascondigli ben studiati.

L'arte del depistaggio

Immaginate la vita quotidiana di un tipico ladro. Ha poco tempo e cerca gli oggetti di valore nei posti più ovvi:

- Cassetti della camera da letto,
- Portagioie,
- Cassetti della scrivania,
- Casseforti mal nascoste,
- ecc.

Ma se il vostro oro fosse nascosto in un sacco di farina in cucina o in una cassetta degli attrezzi in garage? Probabilmente questi sarebbero gli ultimi posti in cui i ladri cercherebbero...

Mimetizzazione e ingegno

Ricordate che l'ingegno è il vostro miglior alleato quando si tratta di nascondere l'oro!

La conservazione dell'oro non deve necessariamente essere confinata in un nascondiglio segreto, ma può anche integrarsi naturalmente nell'ambiente domestico. Un buon esempio di questo tipo di strategia viene da Anne, un'investitrice d'oro particolarmente accorta.

Anne ha escogitato un modo intelligente per trasformare un oggetto ordinario in una cassaforte segreta: una lampada da tavolo.

Una vecchia lampada da tavolo apparentemente ordinaria si trova nel suo salotto. Ma l'ordinarietà della lampada nasconde un segreto ben custodito.

Anne decide di svuotare il contenuto della lampada. Colloca con cura le sue monete all'interno, prima di riposizionare la lampadina e il paralume. Il risultato? Una lampada da tavolo perfettamente funzionale che non lasciava intravedere il suo prezioso contenuto!

Questa intelligente strategia ha permesso ad Anne di tenere il suo oro a portata di mano, proteggendolo al contempo da occhi indiscreti. Per un osservatore esterno, la lampada non sarebbe di particolare interesse. Tuttavia, per Anne, questa lampada ordinaria è diventata un prezioso nascondiglio.

Altre idee

- Barattoli di vernice vuoti: molte famiglie hanno in garage o in cantina barattoli di vernice vuoti provenienti da lavori precedenti. Questi barattoli sono ottimi per nascondere l'oro. Assicuratevi di pulire bene il barattolo prima di metterci l'oro. Si può anche lasciare un po' di vernice secca per dare l'impressione che il barattolo sia ancora in uso.

- Dispositivi elettronici: un vecchio stereo o un videoregistratore sono nascondigli interessanti. È possibile nascondere l'oro all’interno di uno di questi, purché non sia danneggiato da elettricità residua o ruggine.

- Cassette degli attrezzi: può sembrare un posto strano per nascondere l'oro, ma può essere molto efficace. I ladri di solito vanno di fretta e non si prendono il tempo di cercare a fondo in una cassetta degli attrezzi. Potete nascondere l'oro in una vecchia scatola di viti o di chiodi.

- Tubi di ventilazione: se la vostra casa ha dei tubi di ventilazione, questi sono un buon posto. Mettete l'oro in un sacchetto impermeabile e inseritelo nel tubo.

- Ceste per la biancheria sporca: potete creare un falso rivestimento sul fondo della cesta per contenere l'oro. È improbabile che un ladro rovisti nella vostra biancheria sporca...

- Doppio fondo: in un cassetto, in un armadio o persino in una scatola di scarpe, un doppio fondo è un modo eccellente per nascondere l'oro. Basta tagliare una tavola della misura giusta, posizionarla sul fondo e nascondere l'oro al di sotto.

- Mobili con più scomparti: alcuni mobili, come scrivanie antiche o cassettiere, hanno spesso scomparti segreti o cassetti nascosti. Questi spazi sono perfetti per nascondere l'oro!

- Battiscopa rimovibili: alcune case hanno battiscopa rimovibili. Potete creare uno spazio per nascondere l'oro dietro questi battiscopa.

- Vecchi libri: sono luoghi eccellenti per nascondere l'oro. Scegliete un libro spesso, ritagliate con cura uno spazio per l'oro e riponete il libro sullo scaffale. Questa è la strategia che ho usato all'inizio. Avevo trovato un vecchio libro in una cassetta per le donazioni, per non danneggiare un buon libro. Ho preso un taglierino e ho ritagliato uno spazio al centro del libro per nascondere le monete.

- Telai dei letti: molti telai dei letti hanno uno spazio vuoto all'interno. È possibile nascondere l'oro creando una piccola apertura.

D. OGGETTI DI USO QUOTIDIANO FINTI

Finti libri

Aziende come Diversion Safes e Trademark Home offrono finti libri . A prima vista sembrano libri qualsiasi sullo scaffale, ma contengono uno scomparto segreto in cui è possibile conservare l'oro. Questi finti libri sono disponibili in diverse dimensioni e possono essere ordinati online su piattaforme come Amazon o eBay.

Finte lattine di bibite e lattine di plastica

Le lattine di bibite finte sono un altro ottimo modo per nascondere l'oro. Aziende come Southwest Specialty Products offrono una gamma di finte lattine di bibite, lattine per alimenti e persino bottiglie d'acqua modificate per contenere uno scomparto segreto. Questi prodotti sono disponibili su diverse piattaforme online, tra cui Amazon e Walmart.

Finte pietre da giardino

Per chi preferisce conservare l'oro all'aperto, le finte pietre da giardino sono un'ottima opzione.

Fornitori come Hide-A-Key offrono finte pietre da giardino con scomparti segreti abbastanza grandi da contenere diverse monete o piccoli lingotti d'oro. Queste pietre sono disponibili anche su siti come Amazon o Home Depot.

Altri oggetti finti

Altri fornitori offrono una gamma ancora più ampia di articoli finti, dalle spazzole per capelli con scomparti segreti ai finti flaconi di detergente per WC ...

È possibile trovare questi prodotti su siti come Amazon, eBay o anche direttamente sui siti web dei produttori.

Questi oggetti sono efficaci per nascondere l'oro. Tuttavia, non lo proteggono dal fuoco o dall'acqua. Per una protezione ottimale, si consiglia di utilizzarli insieme a una cassaforte di alta qualità.

E. DIVERSIFICAZIONE DEI LUOGHI DI CONSERVAZIONE

Non mettete tutte le uova in un solo paniere

Adottate un approccio diversificato per conservare l'oro fisico.

Invece di mettere tutte le uova in un solo paniere, considerate la possibilità di distribuire i vostri investimenti in oro in diversi luoghi sicuri. In questo modo, si riduce al minimo il rischio di perdita totale in caso di furto con scasso o altro evento imprevisto.

L'arte del depistaggio: giocare a nascondino

Pensate di giocare a nascondino nella vostra casa. L'oro, in quanto oggetto di valore, è la ricompensa finale per il ladro.

Invece di mettere tutta la ricompensa in un unico nascondiglio, spargetela.

Ad esempio, potete decidere di dividere l'oro in 3 lotti.

- un lotto rimane in cassaforte
- il secondo in un finto libro della biblioteca
- l'ultimo in una finta lattina di soda in un armadio

Se uno di questi luoghi viene scoperto, avete ancora due terzi del vostro oro al sicuro!

F. SICUREZZA DOMESTICA

Avete deciso di conservare una parte o tutto il vostro oro a casa?

Non basta nascondere abilmente l'oro, bisogna anche prendere provvedimenti per scoraggiare e prevenire i furti. Ecco come fare.

Serrature robuste: la vostra prima linea di difesa

Il primo passo per mettere in sicurezza la vostra casa è rafforzare i punti di ingresso come porte e finestre. Le serrature di alta qualità fanno la differenza. Marchi come ABUS e Kaba sono rinomati per i loro prodotti robusti e duraturi. Per rendere più difficile l'ingresso ai ladri, consiglio di installare serrature a doppio cilindro che richiedono una chiave sia dall'interno che dall'esterno.

Sistema di allarme: il vostro custode silenzioso

Un sistema di allarme è un potente deterrente per i ladri. Esiste una moltitudine di opzioni disponibili sul mercato, dai sistemi di allarme tradizionali con sensori di movimento alle soluzioni di sicurezza intelligenti come quelle offerte da Nest o Ring. Oggi questi sistemi sono spesso collegati allo smartphone, in modo da poter essere avvisati se qualcuno tenta di entrare in casa.

Telecamere di sicurezza: i vostri occhi quando siete lontani

Le telecamere di sicurezza aggiungono un ulteriore livello di protezione alla vostra casa. Non solo possono monitorare la casa in tempo reale, ma possono anche fornire prove in caso di furto. Aziende come Arlo e Blink offrono una gamma di telecamere di sicurezza, dalle semplici telecamere per interni a quelle per esterni resistenti alle intemperie con visione notturna.

Illuminazione adeguata come deterrente

Non trascurate l'importanza di un'illuminazione adeguata. Le case ben illuminate sono spesso evitate dai ladri, che preferiscono agire nell'ombra. L'illuminazione esterna, soprattutto intorno agli ingressi, può essere un deterrente. Considerate opzioni come l'illuminazione sensibile al movimento o le luci programmate per accendersi e spegnersi in determinati orari, dando l'illusione che ci sia qualcuno in casa.

Ogni misura di sicurezza adottata rafforza la protezione del vostro investimento in oro. Ricordate che la sicurezza della vostra casa è importante quanto quella del vostro oro. Investite in misure di sicurezza di qualità per assicurarvi che il vostro oro resti al suo posto: al sicuro con voi!

Comunità vigile

Infine, non sottovalutate il potere della vostra comunità. Avere vicini vigili che tengono d'occhio la vostra casa e sono consapevoli di persone e veicoli strani nel quartiere è una delle migliori misure di sicurezza. Prendete in considerazione la possibilità di aderire a un programma di controllo del vicinato o di crearne uno.

G. DISCREZIONE

Giocate la carta della discrezione: quando la semplicità è la migliore difesa

Quando pensiamo alla protezione dei nostri oggetti di valore, il primo istinto è spesso quello di pensare a soluzioni high-tech e a misure di sicurezza all'avanguardia.

Tuttavia, adottare un approccio più discreto è altrettanto efficace. A volte le cose più semplici sono i deterrenti più efficaci per i ladri. Invece di mostrare apertamente che avete qualcosa da proteggere, come possono suggerire telecamere di sorveglianza e sistemi di allarme sofisticati, potete optare per la semplicità. Una casa dall'aspetto ordinario e priva di oggetti di valore evidenti può scoraggiare i ladri in cerca di obiettivi facili e remunerativi.

Discrezione e cerchio di fiducia

Non rivelate che conservate oro in casa. Tuttavia, informare alcune persone fidate, come un familiare stretto o un consulente finanziario di fiducia, è particolarmente importante se si possiede una quantità significativa di oro, perché in caso di incidente imprevisto sarebbe preferibile che qualcuno sapesse dove si trova l'oro e come accedervi!

Attenzione ai social network...

Con l'onnipresenza dei social network nella nostra vita quotidiana, si è tentati di condividere informazioni sui propri investimenti o di mostrare le foto delle proprie monete d'oro. È una pessima idea...

La condivisione di tali informazioni vi rende vulnerabili ai furti. Assicuratevi che tutti i vostri post e condivisioni sui social network rispettino la vostra riservatezza e sicurezza.

Sicurezza informatica

Allo stesso modo, assicuratevi che le vostre informazioni finanziarie, in particolare quelle relative ai vostri investimenti in oro, siano ben protette. Utilizzate password forti e uniche per tutti i vostri account online, installate un software antivirus aggiornato su tutti i vostri dispositivi elettronici e state attenti al phishing e ad altre truffe online.

H. ASSICURAZIONE

Possedere oro in casa, per quanto pratico, non è privo di rischi. Anche con le misure di sicurezza più rigorose, possono verificarsi incidenti come furti o incendi. Il rischio zero non esiste!

Capire l'importanza dell'assicurazione

Indipendentemente dal grado di sicurezza che avete in casa, c'è sempre un rischio residuo che dovete gestire. È qui che entra in gioco l'assicurazione. Una buona assicurazione copre il valore del vostro oro in caso di furto, perdita o danneggiamento. È un investimento necessario, ma non obbligatorio, per proteggere i vostri beni.

Esplorate le opzioni assicurative

Assicurare l'oro in casa può essere complicato e costoso, ma ci sono diverse opzioni da esplorare. Si può cercare un assicuratore specializzato nell'assicurazione dei metalli preziosi. Queste compagnie comprendono le sfumature dell'assicurazione dell'oro e offrono una copertura più personalizzata.

In alternativa, potreste considerare di estendere l'assicurazione sulla casa già esistente per coprire l'oro. Non tutte le polizze assicurative per la casa coprono automaticamente gli oggetti di valore elevato come l'oro. Potrebbe essere necessario aggiungere una clausola alla polizza per ottenere una copertura adeguata.

Capire la copertura assicurativa

Se si sottoscrive un'assicurazione, è fondamentale capire esattamente cosa è coperto.

- La polizza copre solo il furto?
- La polizza copre anche i danni o le perdite accidentali?
- Esistono limiti di copertura per singoli oggetti o un limite complessivo per tutto l'oro?

Assicuratevi di porre queste domande e di ottenere risposte chiare.

Inventario

Per facilitare la procedura di richiesta di risarcimento in caso di sinistro, vi consiglio vivamente di tenere una documentazione chiara e aggiornata del vostro oro. Oltre all'assicurazione, è un modo eccellente per ricordare esattamente cosa avete in cassaforte o nella vostra scorta!

Un metodo collaudato per certificare la legittimità delle monete e dei lingotti d'oro è pesarli singolarmente e fotografarli. Utilizzando una bilancia di precisione, potrete dimostrare al vostro assicuratore che ogni moneta d'oro o lingotto corrisponde al peso standard, certificando che non sono contraffatti.

Fotografate ogni articolo mentre lo pesate, indicando chiaramente il peso accanto ad esso. E conservate tutte le ricevute o i certificati di autenticità che avete ricevuto al momento dell'acquisto!

Inoltre, tenete un inventario in tempo reale del vostro oro, con descrizioni dettagliate e il valore attuale di ogni moneta o lingotto. In questo modo sarà molto più facile richiedere un risarcimento alla propria compagnia di assicurazione.

Anche se queste misure sembrano laboriose, vi daranno la tranquillità di provare inequivocabilmente l'autenticità e il valore dei vostri investimenti.

CAPITOLO 8:

COME CONSERVARE ORO GRAZIE AI PROFESSIONISTI DEL SETTORE

A. I VANTAGGI DI AFFIDARSI AD UNA BANCA

Un'opzione vecchia come il mondo

Una delle opzioni più tradizionali per conservare l'oro è la cassaforte della banca. Si tratta di cassette di sicurezza che le banche mettono a disposizione dei clienti per custodire oggetti di valore, tra cui l'oro. La scelta di conservare l'oro in una cassaforte della banca può sembrare una soluzione logica e rassicurante. Dopo tutto, cosa c'è di più sicuro di una banca?

Sistemi di sicurezza rinforzati

Il vantaggio più evidente di custodire l'oro in banca è l'impareggiabile sicurezza che offre. Le banche, per la natura della loro attività, dispongono di sistemi di sicurezza all'avanguardia, progettati per proteggere i beni preziosi dei loro clienti.

La cassaforte della banca è solitamente installata in un caveau, un luogo progettato per resistere ad attacchi violenti, incendi e persino disastri naturali. Sofisticati sistemi di allarme, con più livelli di sensori, sono presenti per scoraggiare e segnalare qualsiasi tentativo di effrazione. Le telecamere di sorveglianza monitorano costantemente queste aree e la presenza di guardie giurate aggiunge una protezione umana alla sicurezza tecnica.

Riservatezza

Oltre alla sicurezza, il deposito dell'oro in banca offre anche un certo grado di riservatezza. L'accesso alle cassette di sicurezza è generalmente molto limitato. Solo il titolare della chiave della cassetta di sicurezza e le persone autorizzate hanno accesso al suo contenuto. Inoltre, le banche hanno la politica di non monitorare o divulgare il contenuto delle cassette di sicurezza dei loro clienti.

Tuttavia, questa riservatezza ha dei limiti. In molte giurisdizioni, le banche sono tenute a divulgare informazioni alle autorità fiscali o giudiziarie se hanno un mandato legale.

B. Gli svantaggi di affidarsi una banca

Nessuna assicurazione

Uno dei principali svantaggi della custodia dell'oro in banca è la mancanza di un'assicurazione per il contenuto della cassetta di sicurezza. Contrariamente a quanto si crede, l'assicurazione bancaria spesso copre solo i propri beni, non quelli dei clienti. Ciò significa che, in caso di furto o smarrimento dell'oro, la banca non è tenuta a risarcire il cliente per la perdita.

Per compensare questo rischio, i possessori di oro devono spesso considerare la possibilità di stipulare un'assicurazione aggiuntiva che copra specificamente i valori conservati nei caveau delle banche, con un costo aggiuntivo.

Accesso limitato

L'accesso all'oro custodito in una cassetta di sicurezza bancaria è limitato agli orari di apertura della banca. Inoltre, in occasione di festività o eventi eccezionali, le banche rimangono chiuse per diversi giorni consecutivi, ritardando ulteriormente l'accesso all'oro.

Riservatezza relativa

Sebbene le banche offrano un certo livello di riservatezza, questo non è assoluto. In caso di indagini legali o fiscali, le autorità possono ottenere l'autorizzazione per accedere alla vostra cassetta di sicurezza.

In alcune giurisdizioni, le banche sono obbligate per legge a rivelare le informazioni riguardo le cassette di sicurezza dei loro clienti, con o senza indagini. Pertanto, la riservatezza offerta dal deposito dell'oro in banca dipende in larga misura dalla giurisdizione in cui vi trovate.

Crisi finanziarie e corse agli sportelli

È importante considerare uno scenario che, sebbene improbabile, potrebbe avere conseguenze catastrofiche: una grave crisi finanziaria o un "bank run" (corse agli sportelli). In queste situazioni, le banche che falliscono o che sono soggette a controlli restrittivi sul capitale possono impedirvi di accedere al vostro oro.

Durante la crisi finanziaria del 2008, alcune banche sono state costrette a chiudere, lasciando i clienti senza accesso alle loro cassette di sicurezza. Durante la crisi economica di Cipro del 2013 sono stati imposti rigidi controlli sui capitali e i clienti non hanno più avuto accesso ai loro depositi, comprese le cassette di sicurezza...

In altri paesi, i governi si sono talvolta spinti a sequestrare l'oro direttamente dai caveau per saldare un debito o affrontare una crisi...

C. VANTAGGI DELLE SOCIETÀ SPECIALIZZATE

Sicurezza avanzata e assicurazione

Uno dei principali vantaggi di rivolgersi a società specializzate è il livello di sicurezza che offrono. Queste società sono dotate di infrastrutture all'avanguardia, sistemi di monitoraggio 24 ore su 24 e 7 giorni su 7 e protocolli di sicurezza rigorosi per garantire la sicurezza del vostro oro. Inoltre, a differenza della maggior parte delle banche, offrono spesso soluzioni assicurative che coprono l'intero valore dell'oro in caso di sinistro, aumentando ulteriormente la sicurezza del vostro investimento.

Accesso flessibile

La flessibilità è un altro grande vantaggio. Mentre le banche sono generalmente limitate dai loro orari di apertura, le società specializzate spesso offrono accesso all'oro 24 ore su 24, 7 giorni su 7. Che abbiate bisogno dell'oro con urgenza o che vogliate semplicemente controllare il vostro deposito, avrete la libertà di farlo in qualsiasi momento.

Ubicazione strategica

Infine, l'ubicazione di queste società specializzate rappresenta un grande vantaggio. Molte di queste, come GoldSwitzerland (Matterhorn Asset Management), offrono opzioni di custodia dell'oro in Svizzera. La Svizzera, rinomata per la sua stabilità politica ed economica, non ha vissuto conflitti sul suo territorio dalla guerra del Sonderbund del 1847. Questa stabilità di oltre 170 anni fa della Svizzera un rifugio sicuro per l'oro. Questo fattore è particolarmente interessante per coloro che desiderano diversificare i luoghi di conservazione dell'oro a livello internazionale, al fine di ridurre il rischio.

Hong Kong e Singapore sono altre due destinazioni che le società suggeriscono spesso per il deposito dell'oro. Hong Kong è un centro finanziario globale riconosciuto, con una forte governance e stabilità. Inoltre, la sua vicinanza alla Cina, il più grande consumatore di oro al mondo, può essere un vantaggio per alcuni investitori.

Singapore è considerato uno dei Paesi più sicuri e stabili al mondo. Oltre a una forte governance e a un solido ambiente normativo, Singapore offre un elevato livello di sicurezza fisica, con un tasso di criminalità estremamente basso.

Il Regno Unito è un'altra destinazione popolare per il deposito dell'oro, in particolare Londra, uno dei principali mercati dell'oro al mondo. Con una lunga e ricca storia nel commercio dell'oro, il Regno Unito offre un'esperienza impareggiabile e strutture di custodia altamente sicure. Inoltre, il sistema legale britannico è ben consolidato e offre un elevato livello di protezione per gli investitori.

D. SVANTAGGI DELLE SOCIETÀ SPECIALIZZATE

Costi associati

Il primo svantaggio di depositare oro presso società specializzate è il costo. Alcune società generalmente addebitano le costi di deposito in base al valore dell'oro depositato presso di loro. Maggiore è la quantità di oro conservato, più alta è la commissione. Queste spese si accumulano, soprattutto se si intende conservare l'oro per un lungo periodo.

Accesso all'oro

Un altro svantaggio da considerare è l'accesso all'oro. Se l'oro è conservato all'estero, sarà difficile accedervi rapidamente in caso di necessità.

Se vivete in Italia e avete conservato il vostro oro in Asia, Hong Kong e Singapore sono spesso sedi popolari per le società di deposito, quindi sarà difficile accedere al vostro oro rapidamente.

Come regola generale, optate per strutture di deposito vicine al vostro domicilio. Anche se le commissioni di una piattaforma in Svizzera sono più alte rispetto a quelle di Hong Kong, sarebbe comunque più saggio scegliere la Svizzera se si vuole avere un accesso più rapido al proprio oro.

Inoltre, alcune società impongono restrizioni sul ritiro dell'oro, il che rappresenta un problema se si ha bisogno di venderne una parte in tempi brevi.

Rischi geopolitici

Se l'oro è conservato all'estero, è soggetto alle leggi e ai regolamenti di quel paese. Questo può rappresentare un problema se la legislazione o la situazione politica cambiano. Ad esempio, in caso di crisi finanziaria o politica, l'accesso all'oro può essere limitato o addirittura bloccato.

Tuttavia, le società di deposito non sono "stupide", perché nella maggior parte dei casi hanno sede in giurisdizioni rinomate per la loro affidabilità. Non per niente la maggior parte di esse ha sede in Svizzera, Hong Kong, Singapore, Canada o Regno Unito!

Fiducia

Infine, il deposito dell'oro richiede una grande fiducia nella società di deposito scelta. Anche se queste società sono generalmente ben regolamentate e controllate, c'è sempre il rischio di frodi o fallimenti. Fate una ricerca approfondita e scegliete una società con una buona reputazione e una lunga esperienza nel settore del deposito dell'oro.

Cosa bisogna sapere prima di scegliere una società di deposito

1. Reputazione della società

Innanzitutto, è necessario verificare la reputazione della società che custodirà il vostro oro. Informatevi sulla loro esperienza nel settore, sulle recensioni dei clienti e verificate il loro status legale. Siti come Trustpilot o Google Reviews vi daranno una panoramica delle esperienze degli altri clienti con la società.

2. Costi relativi ai servizi della società

Per evitare spiacevoli sorprese, è necessario avere un'idea chiara dei costi associati alla custodia dell'oro. Questi costi comprendono generalmente i costi di deposito (di solito una percentuale del valore dell'oro), i costi di transazione, i costi di prelievo, ecc.

Un confronto dei costi tra le diverse società dovrebbe aiutarvi a fare una scelta economicamente valida. Ricordate che conservare l'oro è importante, ma non dovete ipotecare il suo valore!

3. Protocolli di sicurezza in vigore

Per essere rilassati e sereni, è necessario capire come il vostro oro sarà conservato e protetto:

- Cassette di sicurezza custodite,
- sistemi di allarme,
- guardie giurate,

- videosorveglianza,
- controllo accessi elettronico,
- ecc.

Assicuratevi che l'azienda disponga di solidi protocolli di sicurezza per proteggere il vostro investimento.

4. Polizza assicurativa della società

Una buona società di custodia oro deve avere un'assicurazione adeguata per coprire eventuali furti, perdite o danni all'oro custodito. Verificate che tipo di assicurazione ha la società e, soprattutto, cosa copre esattamente. Se le informazioni non sono chiare nonostante le spiegazioni, passate oltre.

5. Condizioni per il recupero dell'oro

È inoltre fondamentale capire in che modo è possibile recuperare l'oro quando ne avrete bisogno. Alcune società richiedono un preavviso, mentre altre consentono l'accesso all'oro 24 ore su 24, 7 giorni su 7. Capire queste condizioni in anticipo è essenziale per evitare spiacevoli sorprese...

6. Accessibilità dell'oro

Infine, assicuratevi di sapere come potete accedere al vostro oro. Alcune società offrono l'accesso online al proprio inventario, il che è comodo per poterlo monitorare. Altre possono consentire l'accesso fisico all'oro presso le loro strutture, a condizione ovviamente che ci si trovi nelle città che ospitano il deposito.

E. SOCIETÀ DI DEPOSITO

Swiss Gold Safe Ltd.

Swiss Gold Safe Ltd è una società svizzera di deposito privato che offre soluzioni sicure per la custodia di oro e altri metalli preziosi, senza requisiti minimi di deposito. Offre servizi di noleggio di cassette di sicurezza e caveau in luoghi sicuri in Svizzera e nel Liechtenstein.

BullionVault

BullionVault è una piattaforma online per l'acquisto, la vendita e la custodia di oro e argento fisico in modo sicuro in cassette di sicurezza di Zurigo, Londra, New York, Toronto e Singapore. Non è previsto un deposito minimo per iniziare a utilizzare BullionVault, il che lo rende accessibile a un'ampia gamma di investitori. Oltre al servizio di custodia, BullionVault offre anche una piattaforma di trading dove gli utenti comprano e vendono oro e argento ad altri utenti.

Global Precoius Metals

Global Precious Metals è una società con sede a Singapore che offre soluzioni di custodia sicure per l'oro e altri metalli preziosi. Il deposito minimo è di 10.000 dollari USA. Con sedi di deposito a Singapore, Zurigo e Hong Kong, questa società offre una protezione geografica diversificata per i vostri investimenti.

Offre inoltre servizi di consulenza sugli investimenti per aiutare gli investitori a ottimizzare i loro portafogli di metalli preziosi.

GoldSilver Central

GoldSilver Central è un'altra società con sede a Singapore che offre servizi di deposito oro. Il deposito minimo è di 5.000 dollari di Singapore (circa 3.700 dollari USA). I loro depositi sono assicurati da Lloyd's of London, il che offre ulteriore tranquillità agli investitori. GoldSilver Central offre anche servizi di riacquisto oro, che possono essere convenienti se si decide di vendere parte del proprio oro in futuro.

Perth Mint

Perth Mint è una società australiana di fama mondiale che offre servizi di deposito dell'oro. Il deposito minimo è di 1.000 dollari australiani (circa 750 dollari USA). Le strutture di Perth Mint sono tra le più sicure al mondo e sono assicurate dal governo dell'Australia Occidentale, per garantire la massima tranquillità. Offre anche un servizio di riacquisto oro, che può essere utile se decidete di vendere l'oro in futuro

La scelta della società giusta per il deposito dell'oro è una decisione importante che non dovrebbe essere presa alla leggera. Fate ricerche, fate domande e scegliete la società che meglio si adatta alle vostre esigenze. Il mio ultimo consiglio è di prendervi il tempo necessario, senza affrettarvi a scegliere la prima società di deposito che sembra fare al caso vostro. Come per ogni investimento, è bene confrontare i diversi operatori sul mercato per scegliere quello più conveniente per voi!

La vostra opinione conta!

Una volta terminato il libro,
condividete la vostra opinione.

Il vostro feedback sarà utile per i futuri lettori.

Non vedo l'ora di scoprire l'impatto che
questo libro ha avuto su di voi.

Grazie in anticipo per il vostro contributo e buona lettura!

PARTE 3:
ORO DI CARTA

"Dovete scegliere se avere fiducia nella naturale stabilità dell'oro o piuttosto

nell'onestà e e nell'intelligenza dei membri

del governo.

E, con il dovuto rispetto per questi gentiluomini, io suggerisco,

finché il capitalismo vivrà, di votare per l'oro...".

George Bernard Shaw

INTRODUZIONE ALL'ORO DI CARTA

Definizione e funzionamento dell'oro di carta

Per oro di carta si intendono tutti gli strumenti finanziari che offrono un'esposizione all'oro senza la necessità di possederlo fisicamente. Questi strumenti si presentano in varie forme: azioni di società minerarie, obbligazioni garantite dall'oro, futures sull'oro, opzioni sull'oro, certificati aurei e, molto comunemente, fondi negoziati in borsa (ETF) garantiti dall'oro.

L'oro di carta funziona sulla base di un contratto tra due parti, l'investitore e l'emittente dell'oro cartaceo. A seconda del tipo di strumento scelto, l'investitore può trarre profitto da un aumento del prezzo dell'oro, dall'attività di una società mineraria o dalla performance di un portafoglio di attività legate all'oro.

Differenza tra oro cartaceo e oro fisico

L'oro fisico, come suggerisce il nome, è il metallo prezioso in forma tangibile che si può tenere in mano: monete, lingottini e lingotti d'oro.

L'oro cartaceo rappresenta un investimento in oro senza possedere effettivamente il metallo. Investendo in oro cartaceo, possedete un contratto che rappresenta una certa quantità di oro. Questo tipo di investimento offre il vantaggio della liquidità e della facilità di transazione, ma comporta anche dei rischi, in particolare quello della controparte, poiché dipendete dall'emittente del contratto per onorare il suo impegno.

CAPITOLO 9: FUTURES E CERTIFICATI AUREI

A. FUTURES

Accordo legale per l'acquisto o la vendita in data futura

Un contratto future sull'oro, più comunemente noto come "future", è un accordo legale per l'acquisto o la vendita di una certa quantità di oro in una data futura specificata a un prezzo fissato in anticipo.

Questi contratti sono negoziati in borse merci come il COMEX negli Stati Uniti.

Leva finanziaria

La principale attrattiva dei contratti futures risiede nella leva finanziaria che offrono. Un investitore può controllare una grande quantità di oro per una piccola somma di denaro depositata in anticipo (il margine). Questa leva può amplificare i potenziali guadagni, ma anche le perdite...

Un altro aspetto interessante è l'elevata liquidità di questi mercati, il che significa che è facile acquistare e vendere contratti future. Tuttavia, va notato che i futures sull'oro sono un campo di gioco complesso che richiede una conoscenza approfondita dei mercati finanziari.

B. Certificati aurei

Titolo di proprietà

Un certificato aureo è, in sostanza, un titolo di proprietà per una certa quantità di oro. Storicamente, i certificati aurei venivano emessi dalle banche che custodivano l'oro per conto dei loro clienti. Oggi molti emittenti diversi, tra cui governi e società private, offrono certificati aurei.

Investire in certificati aurei ha il vantaggio di evitare il fastidio e il costo della custodia e dell'assicurazione dell'oro fisico. È un modo conveniente di investire in oro, soprattutto per coloro che non desiderano gestire l'oro fisico.

Rischio di controparte

Come ogni altro investimento, i certificati aurei presentano dei rischi. Il più importante è il rischio di controparte: se l'emittente del certificato fallisce o non rispetta il suo impegno, l'investitore perde tutto o parte del suo investimento.

Personalmente, non consiglierei l'uso di futures e certificati aurei se siete principianti, perché è troppo complesso e rischioso. In generale, sono pochi gli investitori che se la cavano... Le opzioni che presento qui di seguito sono molto più semplici e remunerative per i principianti e per chi ha una conoscenza media del settore.

CAPITOLO 10: ETF SULL'ORO

A. INTRODUZIONE AGLI ETF SULL'ORO

Che cos'è un ETF?

Un ETF, o exchange-traded fund, è una sorta di "paniere" contenente diversi tipi di investimento. Può contenere azioni, obbligazioni, materie prime e persino oro.

Immaginate una grande cassaforte contenente oro. Questo è l'ETF.

Ora, invece di acquistare un intero lingotto d'oro (che potrebbe essere molto costoso), si può comprare una piccola quota della cassaforte.

Quando il prezzo dell'oro aumenta, aumenta anche il valore della vostra quota dell'ETF sull'oro.

Si tratta di un modo più semplice ed economico di investire in oro, perché non ci si deve preoccupare della conservazione e della sicurezza dell'oro fisico. Si acquistano e si vendono le quote dell'ETF in borsa, proprio come si farebbe con le azioni di una società.

Come funzionano gli ETF sull'oro?

Gli ETF sull'oro sono progettati per riflettere il prezzo di mercato dell'oro. Quando si investe in un ETF sull'oro, non si acquista direttamente l'oro, ma piuttosto una "parte" dell'oro detenuta dal fondo.

Ogni "parte" di un ETF sull'oro rappresenta una certa quantità di oro.

Esistono due tipi principali di ETF sull'oro:

- quelli che detengono oro fisico
- quelli che utilizzano la replica sintetica

Gli ETF sull'oro che detengono oro fisico sono progettati per seguire il prezzo dell'oro. Questi fondi acquistano e detengono l'oro in depositi sicuri. Quando un investitore acquista questo tipo di ETF, sta effettivamente acquistando una "parte" di questo oro. Tuttavia, non ha il diritto di ritirare l'oro fisico da questi fondi.

Alcuni ETF sull'oro, invece, utilizzano la replica sintetica per seguire il prezzo dell'oro. Invece di acquistare e conservare l'oro fisico, questi fondi utilizzano strumenti derivati per imitare il movimento dei prezzi dell'oro. I derivati comprendono i futures o le opzioni sull'oro. Questi fondi non acquistano effettivamente oro, ma stipulano accordi finanziari basati sul suo prezzo. Si tratta di un modo più complesso di ottenere esposizione al prezzo dell'oro.

B. Vantaggi degli ETF sull'oro

Alto potenziale di rendimento

Uno dei principali vantaggi degli ETF sull'oro è il loro potenziale di rendimento elevato, grazie soprattutto all'efficace replica dei movimenti del prezzo dell'oro e all'esposizione alle società minerarie.

Un ETF che detiene oro fisico mira a riflettere accuratamente il prezzo di mercato dell'oro. Quando il prezzo dell'oro sale, il valore dell'ETF teoricamente aumenta in proporzione. Gli investitori beneficiano dell'aumento dei prezzi dell'oro senza dover detenere oro fisico.

Alcuni ETF sull'oro investono in azioni di società minerarie. Queste società generano talvolta profitti significativi. Pertanto, un ETF che detiene azioni di queste società beneficerà di queste dinamiche positive e offrirà un rendimento potenzialmente elevato ai suoi investitori.

Dividendi

Un dividendo è una somma di denaro che una società o un ETF versa ai propri investitori attingendo ai propri profitti.

Alcuni ETF sull'oro pagano dividendi agli investitori. Ciò dipende dalla struttura dell'ETF. Esistono due tipi di ETF:

- ETF a distribuzione
- ETF ad accumulazione

Gli ETF a distribuzione pagano i dividendi direttamente agli investitori sotto forma di reddito. Questo tipo di ETF è interessante per gli investitori che desiderano generare un reddito regolare. Ad esempio, un ETF sull'oro che possiede azioni di società minerarie distribuisce agli investitori dell'ETF i dividendi ricevuti da queste società.

Gli ETF ad accumulazione reinvestono automaticamente i dividendi nel fondo, aumentando il valore delle quote dell'ETF. Per un investitore, ciò significa che il valore del suo investimento nell'ETF può aumentare nel tempo, ma non riceverà un flusso di reddito regolare sotto forma di dividendi.

Gli ETF che detengono oro fisico in genere non pagano dividendi, poiché l'oro stesso non genera alcun reddito! È quindi essenziale comprendere la struttura dell'ETF prima di investire e considerare se un flusso di reddito regolare è importante per voi.

Elevata liquidità

Il principale vantaggio degli ETF sull'oro è la loro elevata liquidità. La liquidità, nel contesto finanziario, si riferisce alla facilità con cui un'attività, in questo caso le quote dell'ETF, può essere acquistata o venduta sul mercato senza influenzarne il prezzo. Un'attività si dice liquida se è possibile venderla rapidamente, in qualsiasi momento e a un prezzo vicino al suo reale valore di mercato.

In pratica, la liquidità di un ETF dipende da una serie di fattori, tra cui il volume delle transazioni giornaliere e la dimensione della sua capitalizzazione di mercato.

Il volume di negoziazione giornaliero dà un'idea di quante unità dell'ETF vengono acquistate e vendute ogni giorno. Un volume di negoziazione elevato significa generalmente che sarete in grado di vendere rapidamente le vostre quote in caso di necessità.

Anche la dimensione della capitalizzazione di mercato dell'ETF (il valore totale di tutte le quote dell'ETF) è un indicatore importante della sua liquidità. Un'elevata capitalizzazione di mercato significa che ci sono molti investitori coinvolti nell'ETF, il che aumenta la probabilità di trovare un acquirente quando si desidera vendere. In generale, ritengo che una capitalizzazione di mercato di 500 milioni di dollari sia il minimo per garantire una buona liquidità.

Facile accesso all'investimento in oro

Investire in oro attraverso gli ETF permette di trarre profitto dalle oscillazioni del prezzo dell'oro senza dover gestire le complessità e i costi associati all'acquisto, alla conservazione e all'assicurazione dell'oro fisico. Gli ETF sull'oro sono scambiati come normali azioni in borsa, il che significa che potete acquistarli e venderli in qualsiasi momento durante le ore di mercato attraverso il vostro conto di intermediazione.

Questa facilità di accesso rende l'investimento in oro accessibile a un'ampia gamma di investitori. Che siate investitori occasionali con un budget limitato o investitori istituzionali con milioni da investire, gli ETF sull'oro vi offrono l'opportunità di aggiungere l'oro al vostro portafoglio di investimenti in modo semplice.

Inoltre, questi ETF consentono di diversificare facilmente il proprio portafoglio. Con un unico acquisto, è possibile ottenere un'esposizione all'oro attraverso diverse attività, dalle miniere d'oro alle raffinerie d'oro alle riserve di lingotti, riducendo al minimo i rischi associati all'investimento in una singola attività.

C. Rischi degli ETF sull'oro

Rischio di controparte

Uno dei principali svantaggi degli ETF sull'oro è il rischio di controparte. Questo rischio si presenta soprattutto nel caso di ETF a replica sintetica. In questo caso, l'ETF utilizza strumenti derivati, come contratti futures o swap, per imitare la performance dell'oro anziché detenere oro fisico. La performance dell'ETF dipende in ultima analisi dalla capacità della controparte (di solito una banca d'investimento) di onorare i propri obblighi contrattuali.

Se la controparte fallisce o non è in grado di adempiere ai propri obblighi, rischiate di perdere tutto o parte del vostro investimento. Per questo motivo è necessario assicurarvi di poter sostenere il livello di rischio di controparte a cui vi esponete.

Esistono ETF sull'oro che detengono oro fisico, il che elimina il rischio di controparte. Tuttavia, anche in questo caso, esiste il rischio che l'oro non sia conservato in modo sicuro o che la società che gestisce l'ETF fallisca. È quindi essenziale verificare le modalità di conservazione dell'oro e capire la solvibilità della società che gestisce l'ETF prima di investire.

Commissioni di gestione

Come tutti i fondi d'investimento, gli ETF sull'oro sono soggetti a commissioni di gestione, che vengono detratte dal valore totale dell'investimento. Queste commissioni coprono i costi di gestione del fondo:

- costo di acquisto e vendita dell'oro,
- costi di deposito,
- costi amministrativi,
- commissioni del gestore del fondo,
- tasse,
- ecc.

Le commissioni di gestione superiori allo 0,5% erodono seriamente i vostri rendimenti, soprattutto se l'oro non ha un andamento particolarmente positivo.

La mia regola personale è di non investire in ETF che applicano commissioni superiori allo 0,5%!

Per capire perché, si consideri che le commissioni di gestione vengono detratte ogni anno dal valore dell'investimento, indipendentemente dalla performance del fondo. Pertanto, se l'ETF sull'oro non genera un rendimento sufficiente a coprire le commissioni di gestione, il vostro investimento perde valore.

È qui che entra in gioco il concetto di "interesse composto inverso".

In parole povere, l'interesse composto è il principio secondo il quale si guadagnano interessi sugli interessi: il capitale cresce in modo esponenziale. Per quanto riguarda le spese, invece, è vero il contrario. Ogni anno le spese vengono detratte dall'intero investimento, compresi gli eventuali guadagni. In altre parole, il vostro capitale diminuisce in modo esponenziale se le commissioni sono troppo elevate e la performance dell'ETF non è sufficiente a coprirle.

Nessun possesso fisico

Uno dei principali svantaggi degli ETF sull'oro è che non danno la possibilità di possedere fisicamente l'oro. Il fondo è gestito da un istituto finanziario, che detiene fisicamente l'oro.

Anche se siete investitori in un ETF sull'oro, non avete il diritto di reclamare l'oro fisico detenuto dal fondo. Potete solo vendere le vostre azioni dell'ETF per recuperare il valore monetario corrispondente al vostro investimento.

Questo è uno svantaggio per coloro che desiderano detenere oro come copertura contro i rischi finanziari. In caso di grave crisi finanziaria o di fallimento dell'istituto che gestisce il fondo, potrebbe essere difficile, se non impossibile, recuperare il valore dell'investimento.

Inoltre, alcuni investitori apprezzano l'aspetto tangibile dell'oro, il fatto di poterlo tenere in mano. Con un ETF sull'oro non si ha questa soddisfazione!

D. Come si sceglie un ETF sull'oro?

Dimensione dell'ETF

Espressa in termini di capitalizzazione di mercato, la dimensione dell'ETF indica la quantità di denaro investita nel fondo. Più alta è la capitalizzazione di mercato, più l'ETF è considerato stabile e meno rischia di essere influenzato da importanti movimenti di mercato.

Personalmente, consiglio di investire solo in ETF con una capitalizzazione minima di 500 milioni di dollari. Infatti, questo è un buon indice della popolarità dell'ETF e della sua capacità di resistere alle fluttuazioni del mercato.

Liquidità dell'ETF

La liquidità dell'ETF è un altro fattore chiave da considerare. Si riferisce alla facilità con cui è possibile acquistare o vendere quote dell'ETF. Un ETF è considerato liquido se ogni giorno viene scambiato un numero elevato di quote. Gli ETF ad alta liquidità consentono di entrare e uscire facilmente dalle posizioni, senza subire un impatto significativo sul prezzo delle azioni.

Il volume medio di negoziazione giornaliero indica quante unità dell'ETF vengono acquistate e vendute in media ogni giorno. Questo dato è solitamente reperibile sul sito web dell'ETF o su siti come Yahoo Finance o Google Finance.

Un volume di scambi elevato (ad esempio, in milioni di azioni al giorno) indica un'elevata liquidità. Per gli investitori più prudenti, spesso si raccomanda un volume di scambi giornaliero medio minimo di 100.000 azioni.

Variazioni del valore di mercato

Come il valore dell'oro, anche il valore di un ETF sull'oro fluttua nel tempo. Per questo motivo è fondamentale verificare l'andamento del valore dell'ETF che si sta pensando di acquistare prima di prendere una decisione.

Visualizzate lo storico dei prezzi

Lo storico dei prezzi di un ETF fornisce una panoramica di come il suo valore è cambiato nel tempo. Esistono molti siti, come Yahoo Finance o Google Finance, dove è possibile consultare lo storico dei prezzi di un ETF.

Cercate il codice ISIN dell'ETF per trovare facilmente il suo storico dei prezzi.

→ L'ISIN, o International Securities Identification Number è un codice unico utilizzato per identificare i titoli finanziari, come azioni, obbligazioni, ETF, ecc. sui mercati internazionali.

In altre parole, l'ISIN è come una "carta d'identità" per i titoli finanziari. È composto da 12 caratteri alfanumerici: i primi due caratteri rappresentano il Paese di emissione del titolo, i successivi nove caratteri sono un codice univoco per il titolo stesso e l'ultimo carattere è una chiave di controllo.

Confronto con il prezzo dell'oro

Per valutare la performance di un ETF sull'oro, è utile confrontarla con il prezzo dell'oro stesso. Idealmente, l'ETF dovrebbe seguire da vicino il prezzo dell'oro. Se l'ETF non segue in modo soddisfacente il prezzo dell'oro, non è certo un buon segno.

Esaminate la performance durante le crisi finanziarie

Poiché l'oro è considerato un bene rifugio durante le crisi finanziarie, è interessante vedere l'andamento dell'ETF nei periodi di turbolenza.

Durante la crisi finanziaria del 2008, il prezzo dell'oro è aumentato di quasi il 24% mentre l'S&P 500, un indice di borsa molto seguito, è sceso del 38%. Gli ETF sull'oro che sono riusciti a mantenere o ad aumentare il loro valore durante questo periodo hanno dimostrato il loro potenziale come copertura contro l'instabilità del mercato. Se l'ETF che volete acquistare non è "a prova di crisi", non compratelo, perché significa che non sta "facendo il suo lavoro"!

L'importanza di scegliere l'emittente giusto

Controllate la reputazione dell'emittente

È possibile consultare siti di informazione finanziaria affidabili per leggere le opinioni sull'emittente. Bloomberg, Morningstar e Yahoo Finance sono fonti credibili che forniscono analisi approfondite sugli emittenti di ETF.

Analisi delle dimensioni dell'emittente

Le dimensioni di un emittente di ETF sono un buon indicatore della sua stabilità e della sua capacità di gestire efficacemente l'ETF. È possibile verificare le dimensioni dell'emittente in termini di patrimonio gestito (AUM). In generale, un emittente con un AUM elevato è considerato più stabile.

Esaminate la trasparenza dell'emittente

È possibile verificare la frequenza dei rapporti pubblicati dall'emittente e se questi forniscono informazioni dettagliate sull'ETF, come la composizione del portafoglio, la performance e le commissioni.

I principali emittenti di ETF

- BlackRock (iShares): BlackRock è il più grande gestore patrimoniale al mondo, con oltre 9.400 miliardi di dollari di patrimonio in gestione nel 2023! I suoi ETF iShares sono tra i più popolari e scambiati al mondo.

- Vanguard: Vanguard è uno dei maggiori fornitori di ETF al mondo, famoso per i suoi fondi a basso costo. Al 30 aprile 2023, Vanguard gestiva circa 8.100 miliardi di dollari di attività in tutto il mondo. Sebbene sia nota soprattutto per i suoi ETF azionari e obbligazionari, Vanguard offre anche ETF sull'oro.

- Amundi: Amundi è il più grande gestore patrimoniale in Europa e uno dei dieci più grandi al mondo, con oltre 1.700 miliardi di euro di attività in gestione nel 2021. Con sede in Francia, Amundi è nota per i suoi ETF, che coprono un'ampia gamma di categorie di azioni, tra cui le materie prime come l'oro.

- VanEck: VanEck è un noto emittente di ETF sulle materie prime. Il suo ETF sull'oro, il VanEck Vectors Gold Miners ETF (GDX), è uno dei maggiori del settore.

- Invesco: Invesco è un emittente leader di ETF con una gamma di ETF sull'oro.

Commissioni di gestione

Come abbiamo visto in precedenza, queste commissioni sono i costi annuali che l'emittente dell'ETF sostiene per la gestione del fondo. Sono espresse in percentuale del patrimonio netto del fondo e vengono detratte direttamente dal valore dell'ETF.

Ad esempio, per un ETF con una commissione di gestione dello 0,40%, ogni anno verranno detratti 4 dollari per coprire la commissione di gestione per ogni 1.000 dollari investiti.

Ricordate che queste commissioni vengono detratte indipendentemente dalla performance dell'ETF. Indipendentemente dal fatto che il prezzo dell'oro scenda o che il valore del vostro investimento diminuisca, dovrete comunque pagare le commissioni di gestione.

L'impatto delle commissioni di gestione può sembrare minimo nel breve periodo, ma a medio e lungo termine esse hanno un effetto significativo sul rendimento del vostro investimento.

Ad esempio, su un periodo di 10 anni, un ETF con una commissione di gestione dello 0,40% costerà il 4% del vostro investimento iniziale, senza considerare l'effetto degli interessi composti inversi...

Ecco perché ho raccomandato ETF con commissioni di gestione pari o inferiori allo 0,5%. Al di sopra di questo valore, l'unico che si arricchirà davvero sarà l'emittente....

Esempi di ETF popolari

Si noti che questo elenco non costituisce una raccomandazione. Gli investimenti richiedono sempre una ricerca approfondita e la comprensione delle proprie esigenze e della propria tolleranza al rischio.

La performance passata di un ETF non è una garanzia della sua performance futura. È pertanto essenziale comprendere appieno l'ETF prima di investire. Le informazioni principali su ciascun ETF sono contenute nel documento contenente le informazioni chiave per gli investitori (KID) e nel prospetto informativo, disponibili sul sito web dell'emittente dell'ETF.

- SPDR Gold Shares (GLD): è uno degli ETF sull'oro più grandi e popolari. Ha l'obiettivo di riflettere il prezzo a pronti dell'oro ed è stato il primo ETF a dare accesso agli investitori al mercato dell'oro. Il codice ISIN di GLD è US78463V1070.

- iShares Gold Trust (IAU): è un altro importante ETF che offre agli investitori un'esposizione al prezzo dell'oro. È gestito da BlackRock, la più grande società di gestione patrimoniale del mondo. Il suo codice ISIN è US4642851053.

CAPITOLO 11:

AZIONI DI SOCIETÀ MINERARIE

A. Introduzione alle azioni delle società minerarie

Che cos'è un'azione?

Un'azione è una quota di proprietà di una società. Quando si acquista un'azione, si diventa azionisti, cioè proprietari di una piccola parte della società.

Pensate a un'azienda come a una torta.

- Ogni azione sarebbe una piccola fetta di questa torta.
- Chi acquista un'azione possiede una piccola fetta di questa torta.
- Più azioni si acquistano, più grande sarà la fetta della torta.

Le azioni vengono acquistate e vendute su un mercato azionario, come il CAC 40 in Francia o la Borsa di New York negli Stati Uniti. Il prezzo di un'azione varia in base alla domanda e all'offerta sul mercato, ai risultati finanziari della società e alle aspettative degli investitori.

Se possedete azioni, avete diritto a ricevere una quota degli utili della società sotto forma di dividendi. Tuttavia, non tutte le società pagano dividendi.

Avete anche il diritto di votare alle assemblee generali della società, in modo da poter influenzare le sue decisioni strategiche.

Come operano le società minerarie?

Le azioni di società minerarie aurifere rappresentano una parte di proprietà in una società impegnata nella ricerca, nell'estrazione, nella lavorazione e nella vendita di oro.

Investire in queste azioni è come partecipare all'industria dell'oro. Con l'oro fisico si possiede un bene tangibile; investendo in azioni di società minerarie d'oro, si investe nelle operazioni commerciali che portano all'estrazione di questo metallo prezioso.

Investire in oro fisico o in azioni di società minerarie?

Quando si investe in oro fisico, si possiede effettivamente dell'oro che è tangibile, immutabile e ha un valore intrinseco. Inoltre, questo oro non è soggetto al rischio di fallimento o ad altri rischi associati alle società.

L'investimento in azioni di società minerarie è una forma di investimento indiretto in oro.

Il principale vantaggio di investire in azioni di società minerarie è il potenziale di rendimenti più elevati. Le società minerarie possono :

- aumentare la produzione di oro
- scoprire nuove riserve d'oro
- ridurre i costi di produzione

Infine, la performance delle azioni delle società minerarie non è sempre direttamente collegata al prezzo dell'oro. Ad esempio, una società mineraria può registrare una performance negativa anche se il prezzo dell'oro aumenta, a causa di problemi interni alla società.

B. I DIVERSI TIPI DI SOCIETÀ MINERARIE

Majors, società intermedie e juniors

Majors

Queste società sono i giganti dell'industria mineraria, con operazioni di produzione di oro su larga scala distribuite in diversi Paesi. Spesso vantano decenni di esperienza nel settore minerario e una reputazione di stabilità. Ne sono un esempio Barrick Gold, Newmont Corporation e AngloGold Ashanti. Tuttavia, le loro grandi dimensioni ne limitano il potenziale di crescita.

Società minerarie intermedie

Queste società si collocano tra majors e juniors in termini di dimensioni e produzione. In genere hanno alcune miniere in funzione e altri progetti in fase di sviluppo. Le società minerarie intermedie offrono un buon equilibrio tra potenziale di crescita e rischio. Agnico Eagle Mines e Yamana Gold sono esempi di questo tipo di società.

Juniors

Queste società sono le più piccole del settore aurifero. In genere si concentrano sull'esplorazione e sullo sviluppo di nuove miniere. Le juniors offrono in genere un maggiore potenziale di crescita se i loro progetti di esplorazione hanno successo, ma comportano anche rischi più elevati. Molte juniors non realizzano ancora profitti e dipendono dai finanziamenti per le loro attività. Tra queste società figurano Kinross Gold ed Eldorado Gold.

Società di esplorazione, società di estrazione, società di fusione/raffinazione e società minerarie diversificate.

Oltre alla distinzione per dimensione e livello di produzione, le società minerarie sono classificate anche in base alle fasi dell'industria mineraria in cui sono coinvolte.

Società di esplorazione

Queste società si trovano nelle prime fasi dell'industria mineraria. Si concentrano sulla ricerca di nuovi giacimenti d'oro, spesso in aree non sviluppate o poco esplorate.

Le società di esplorazione effettuano studi geologici e perforazioni per individuare i giacimenti d'oro. Tuttavia, il processo di esplorazione è rischioso e costoso e non vi è alcuna garanzia che l'azienda trovi oro in quantità commercialmente valide...

Società di estrazione

Queste società possiedono e gestiscono miniere d'oro. Una volta individuato un giacimento d'oro dalle società di esplorazione e ottenute le necessarie autorizzazioni, entra in gioco la società di estrazione.

È responsabile dell'estrazione dell'oro dal terreno, della gestione delle operazioni minerarie e della vendita dell'oro estratto. Le società di estrazione hanno costi operativi significativi, ma hanno anche entrate più stabili rispetto alle società di esplorazione, perché vendono l'oro su base regolare.

Fonderie e raffinerie

Queste società acquistano l'oro grezzo estratto da altre società e lo trasformano in prodotti finiti, come lingotti d'oro, monete, prodotti industriali o gioielli. Esse traggono profitto dalla differenza tra il prezzo di acquisto dell'oro grezzo e il prezzo di vendita dei prodotti finiti.

Queste società hanno costi operativi relativamente stabili e sono meno esposte alle fluttuazioni del prezzo dell'oro rispetto alle società di estrazione ed esplorazione.

Società minerarie diversificate

Queste società sono coinvolte in tutte le fasi dell'industria mineraria, dall'esplorazione ed estrazione alla fusione e raffinazione. Beneficiano dell'efficienza operativa e della diversificazione del rischio, ma hanno anche una gestione complessa e alti livelli di investimento.

Personalmente, queste società sono la mia scelta d'investimento preferita. Posizionandosi in ogni fase della catena dell'industria mineraria, offrono una diversificazione intrinseca che contribuisce a mitigare il rischio. Se una fase dell'operazione incontra difficoltà, gli altri segmenti possono compensare, garantendo una maggiore stabilità finanziaria.

Inoltre, la gestione di tutte le fasi dell'industria mineraria consente a queste aziende di realizzare economie di scala. Sono in grado di ridurre i costi internalizzando i processi che altrimenti richiederebbero fornitori di servizi esterni. A mio avviso, questo vantaggio porta a una maggiore redditività.

C. I VANTAGGI DELLE AZIONI MINERARIE

Dividendi

A differenza dell'oro fisico, le azioni delle società minerarie generano reddito sotto forma di dividendi.

Le società minerarie ben consolidate e redditizie hanno spesso una politica di dividendi regolare. Ad esempio, Newmont

Mining, una delle maggiori società di estrazione dell'oro al mondo, ha una lunga storia di pagamenti di dividendi ai suoi azionisti.

Quindi, oltre alla possibilità di un apprezzamento del prezzo delle azioni, si può anche ricevere un reddito regolare sotto forma di dividendi. Questo è uno dei principali vantaggi delle azioni di società minerarie rispetto all'oro fisico, che non produce alcun rendimento finché non viene venduto.

Alto potenziale di rendimento

Se la società riesce a incrementare la produzione di oro o a ridurre i costi, voi beneficiate di questi miglioramenti sotto forma di rendimenti più elevati.

Esempio: una società mineraria scopre una nuova miniera d'oro. Aumenta la produzione e quindi i profitti. L'aumento dei profitti si riflette spesso sul prezzo delle azioni, generando un rendimento più elevato per gli investitori.

Effetto leva

La leva finanziaria è un concetto che si riferisce all'uso del debito per aumentare il rendimento potenziale di un investimento.

Le società di estrazione dell'oro contraggono prestiti per finanziare le loro attività (ad esempio, per costruire una nuova miniera o acquistare attrezzature). Se il prezzo dell'oro sale, queste società possono generare profitti ben superiori al loro debito, con un conseguente aumento significativo del prezzo delle loro azioni.

Diversificazione

Supponiamo che abbiate già investimenti in settori come la tecnologia o la finanza. Aggiungendo al vostro portafoglio i titoli delle società minerarie, potrete ridurre la vostra dipendenza da questi settori e quindi ridurre il rischio complessivo del vostro portafoglio. I titoli minerari auriferi tendono a registrare performance diverse da quelle di altri settori economici.

Liquidità

Le azioni delle società minerarie aurifere sono generalmente molto liquide, il che significa che potete facilmente acquistare o vendere le azioni senza preoccuparvi.

Trasparenza

Le società minerarie, come tutte le società quotate, sono tenute a pubblicare regolarmente informazioni sulle loro attività. Ad esempio, devono divulgare informazioni sulle loro riserve auree, sui costi di produzione, sui piani di espansione, sul fatturato, sugli utili, sui debiti, ecc. Questa trasparenza consente agli investitori di prendere decisioni di investimento informate.

D. Rischi legati alle azioni di società minerarie

Rischi legati all'estrazione

L'attività mineraria è un'attività complessa che dipende da molti fattori imprevedibili. Ad esempio, un incidente in una miniera può causare l'interruzione delle operazioni, come è successo quando la miniera di San José in Cile è crollata nel 2010, causando notevoli perdite finanziarie. Allo stesso modo, problemi ambientali come allagamenti o frane possono interrompere le operazioni minerarie.

Rischio di fluttuazione dei prezzi

Il prezzo dell'oro sui mercati internazionali fluttua in base a una serie di fattori:

- domanda e offerta,
- condizioni economiche globali,
- politica monetaria,
- tensioni geopolitiche,
- ecc.

Rischio di esaurimento delle risorse

Una miniera d'oro non è una risorsa inesauribile. Una volta che l'oro di una miniera è stato estratto, si dice che la miniera è "esaurita" e non può più produrre oro. Ad esempio, la miniera d'oro di Witwatersrand in Sudafrica, un tempo una delle più produttive al mondo, è oggi in gran parte esaurita.

Le società minerarie devono quindi esplorare continuamente nuove aree per trovare nuove miniere, il che comporta costi aggiuntivi e incertezze.

Questo spiega perché ho detto prima che preferisco investire in società minerarie diversificate, perché non dipendono solo dall'esplorazione e dall'estrazione!

Rischio politico

Le società minerarie operano spesso in Paesi in cui le condizioni politiche sono instabili.

Ad esempio, nel 2017 la Tanzania ha imposto un embargo sull'esportazione di concentrati minerali non lavorati, colpendo diverse società minerarie che operano nel Paese. Questo rischio politico può influire sulla capacità di una società di operare in modo efficiente e di generare profitti.

Rischi di gestione

La performance di una società mineraria dipende in larga misura dalla competenza del suo management. Una decisione manageriale sbagliata, come un investimento sconsiderato o una cattiva gestione dei costi, si traduce in perdite per la società e quindi per gli azionisti.

Nel 2013, la società mineraria Barrick Gold ha dovuto sospendere il progetto della miniera d'oro di Pascua-Lama a causa di un superamento dei costi e di problemi ambientali.

E. COME VALUTARE UN'AZIONE DI UNA SOCIETÀ MINERARIA?

Capire la società

Gestione

Il successo di una società dipende in larga misura dalle capacità e dall'esperienza del suo management. È necessario investire in una società il cui management abbia una solida esperienza nel settore minerario, tra cui la scoperta di nuove miniere, la gestione delle operazioni minerarie e la navigazione nel panorama normativo e ambientale.

Queste informazioni si trovano nella sezione "Il nostro team" o "Corporate governance" del sito web della società. È inoltre possibile utilizzare queste informazioni per cercare il background dei membri del management su siti come Linkedin, per conoscere i loro percorsi di carriera.

Operazioni aziendali

Mi riferisco qui alla comprensione del modello di business dell'azienda:

- È una società di esplorazione alla ricerca di nuove miniere d'oro?
- È una società mineraria che estrae oro dalle miniere esistenti?
- È una società di servizi minerari che aiuta altre società a estrarre l'oro?

Storico di produzione

È necessario esaminare lo storico di produzione della società.

È riuscita ad aumentare la produzione di oro di anno in anno? Una tendenza costante all'aumento indica una gestione competente e operazioni efficienti. Questi dati sono generalmente disponibili nei comunicati stampa, nei rapporti trimestrali e annuali della società.

Piano di crescita

Infine, verificate il piano di crescita della società. Quali sono i suoi piani futuri per aumentare la produzione di oro? Questi potrebbero includere l'esplorazione di nuove aree, l'espansione delle attività minerarie esistenti o l'acquisizione di altre società minerarie.

Un piano di crescita ben definito dimostra che la società è ben posizionata per aumentare il suo valore in futuro. Queste informazioni si trovano nella sezione "Strategia" o "Prospettive" del rapporto annuale della società.

Analisi finanziaria della società

L'analisi finanziaria di una società è un aspetto essenziale della valutazione delle azioni. I bilanci di una società forniscono un quadro accurato della sua salute finanziaria e della sua performance economica. Ecco alcuni elementi chiave da esaminare.

Bilancio

Il bilancio di una società mostra le attività, le passività e il patrimonio netto in un determinato momento. Nel caso di una società mineraria, potreste esaminare il valore delle attività minerarie (miniere, attrezzature, terreni, ecc.), le passività (prestiti, obbligazioni, ecc.) e il capitale investito dagli azionisti.

Definizioni

→ Attività: tutto ciò che una società possiede e che ha un valore. Possono essere materiali, come edifici, attrezzature e terreni, o immateriali, come brevetti e marchi. Per una società mineraria, le attività includono generalmente le miniere e le riserve d'oro possedute.

→ Passività: tutto ciò che la società deve ad altre parti. Può trattarsi di debiti a breve termine, come le fatture da pagare ai fornitori, o a lungo termine, come i prestiti bancari o le obbligazioni. Nel caso di una società mineraria, le passività possono, ad esempio, includere i costi di ripristino dell'ambiente dopo l'estrazione in una miniera.

→ Patrimonio netto: il valore della società che appartiene agli azionisti una volta pagati tutti i debiti. È essenzialmente la differenza tra attività e passività.

Conto economico

Il conto economico di una società mostra le entrate, le spese e i profitti in un determinato periodo. Esaminando il conto economico, si può valutare quanto la società guadagna dall'attività mineraria, quanto spende per estrarre l'oro e quanto guadagna in profitti!

Flussi di cassa

I flussi di cassa di una società mostrano come il denaro entra ed esce da essa. Nel caso di una società mineraria, è possibile esaminare il flusso di cassa derivante dall'estrazione (denaro guadagnato o speso dall'attività mineraria), quello derivante da investimento (denaro speso per acquistare nuove attività o vendere quelle esistenti) e il flusso di cassa derivante dal finanziamento (denaro ricevuto dagli azionisti o speso per pagarli).

Rapporti finanziari

I rapporti finanziari aiutano a confrontare le prestazioni finanziarie di diverse società. Ad esempio, il rapporto debito/capitale indica la quantità di debito di una società rispetto al denaro investito dagli azionisti. Un rapporto elevato indica naturalmente un rischio finanziario più elevato.

Il rapporto prezzo/utili, invece, confronta il prezzo dell'azione con la performance finanziaria della società. Un rapporto elevato indica che l'azione è sopravvalutata e quindi troppo costosa rispetto al suo valore intrinseco.

Analisi comparativa

Che cos'è l'analisi comparativa?

L'analisi comparativa, nota anche come benchmarking, è un metodo di valutazione che prevede il confronto di una società con i suoi diretti concorrenti o con società simili dello stesso settore. Viene utilizzata per valutare la performance di una società e per determinare se il suo prezzo è sopravvalutato o sottovalutato.

Scegliere le società giuste da confrontare

Non esistono due concorrenti uguali alla società che state valutando. Ognuna ha la propria strategia e i propri punti di forza e di debolezza. L'obiettivo del benchmarking non è trovare una società "identica", ma piuttosto capire come quella in questione si posiziona rispetto ad altri operatori dello stesso settore.

Dimensione della società

Le società di dimensioni simili spesso affrontano problemi simili. È quindi importante confrontare una società con concorrenti della stessa dimensione. Per misurarne le dimensioni possiamo fare riferimento a indicatori come il fatturato, il numero di dipendenti o la capitalizzazione di mercato.

Ubicazione delle operazioni

Le società che operano nella stessa regione geografica devono affrontare sfide e opportunità simili, soprattutto in termini di normative, condizioni climatiche, costo del lavoro, ecc. Ad esempio, una società mineraria che opera in Africa potrebbe trovarsi di fronte a sfide molto diverse rispetto a una che opera in Australia.

Metodi di estrazione

Anche le società che utilizzano metodi di estrazione simili sono interessanti da confrontare. Ad esempio, alcune società minerarie si concentrano sull'estrazione a cielo aperto, mentre altre privilegiano l'estrazione sotterranea. Queste differenze hanno un impatto significativo sui costi di produzione e sul rendimento.

Confronto tra le basi della società

Confronto dei ricavi

I ricavi sono un indicatore importante delle dimensioni e della crescita di una società. È possibile confrontare i ricavi totali della società con quelli dei suoi concorrenti. Inoltre, verificate il tasso di crescita dei ricavi: una società i cui ricavi crescono più rapidamente di quelli dei concorrenti potrebbe essere un investimento promettente.

Confronto dei profitti

I profitti sono ciò che rimane dopo che tutti i costi e le spese sono stati sottratti dalle entrate. Una società redditizia ha profitti positivi, mentre una non redditizia ha profitti negativi. Confrontate l'utile netto della società con quello dei suoi concorrenti.

Osservate anche il margine di profitto, che è il rapporto tra l'utile netto e i profitti. Un margine di profitto elevato indica una società efficiente con un buon controllo dei costi.

Confronto dei costi di produzione

Il costo di produzione dell'oro è un fattore chiave. Un costo di produzione più basso significa che la società può produrre oro a un costo inferiore rispetto ai suoi concorrenti, il che può migliorare il suo rendimento. Per valutare l'efficienza operativa dell'azienda si può confrontare il costo totale di produzione (all-in sustaining cost) con quello dei suoi concorrenti.

Confronto delle riserve d'oro

Le riserve auree di una società sono la quantità di oro che questa ha il diritto di estrarre dalle sue miniere. Una società con grandi riserve auree ha un maggiore potenziale di crescita. Tuttavia, è importante considerare anche la qualità di queste riserve (contenuto d'oro). Confrontate le riserve auree della società con quelle dei suoi concorrenti per valutare il suo potenziale di crescita a lungo termine.

Interpretare i risultati dell'analisi comparativa

Sopravvalutazione e sottovalutazione

Se una società ottiene risultati migliori rispetto alle altre sulla maggior parte o su tutti gli indicatori chiave (ricavi, utili, costi di produzione, riserve auree), ma le sue azioni vengono scambiate a un prezzo simile o inferiore a quello dei suoi concorrenti, allora la società può essere considerata "sottovalutata". Il mercato potrebbe non aver riconosciuto appieno il valore della società e le sue azioni potrebbero essere un affare.

Al contrario, se una società ha una performance inferiore a quella dei suoi concorrenti, ma le sue azioni sono scambiate a un prezzo superiore, la società può essere considerata "sopravvalutata". In questo caso, l'azione potrebbe essere troppo costosa rispetto al suo valore reale.

Equilibrio fra crescita e valore

Se una società ha ricavi e profitti in rapida crescita, ma costi di produzione più elevati e un numero inferiore di riserve auree, potrebbe essere più orientata alla crescita.

D'altro canto, una società con ricavi e utili più stabili, costi di produzione inferiori e riserve auree significative potrebbe essere una società di valore. A seconda della vostra tolleranza al rischio e dei vostri obiettivi di investimento, potreste preferire un tipo di società o l'altro.

Limiti dell'analisi comparativa

Sebbene il benchmarking sia uno strumento prezioso per la valutazione di una società, presenta alcuni limiti che gli investitori dovrebbero tenere presenti.

Ricordate che i risultati passati non sono sempre un indicatore dei risultati futuri. Le condizioni di mercato, le tendenze del settore e gli eventi specifici della società (come la scoperta di una nuova miniera d'oro) influiscono sulla sua performance futura.

Valutazione delle riserve auree dell'azienda

Nota: questa parte riguarda principalmente le società di estrazione e le società minerarie diversificate.

Cosa sono le riserve auree?

Le riserve auree di una società mineraria rappresentano la quantità d'oro che essa ha confermato di poter estrarre con profitto alle attuali condizioni economiche e operative. Le riserve auree sono stimate utilizzando tecniche di valutazione geologica e test di fattibilità e vengono regolarmente rivalutate in base al cambiamento delle condizioni.

Le riserve auree sono fondamentali per una società mineraria. Indicano la quantità di oro che la società può vendere in futuro e sono quindi un fattore chiave per stimare il suo valore.

Le riserve auree sono distinte dalle risorse auree. Le risorse auree di una società comprendono l'oro che si ritiene di poter estrarre con profitto, ma che non è ancora stato completamente confermato dai test di fattibilità. In altre parole, le risorse auree sono più incerte delle riserve auree!

L'importanza della qualità delle riserve auree

Contenuto d'oro

Il contenuto d'oro si riferisce alla quantità di oro presente per unità di minerale (generalmente espresso in grammi per tonnellata). Più alto è il contenuto d'oro, più prezioso è il minerale, poiché contiene più oro per unità di peso. Un elevato contenuto d'oro può compensare altri fattori costosi, come la difficoltà di estrazione o la distanza dal mercato.

Ad esempio, se una società ha riserve con un contenuto medio di oro di 3 grammi per tonnellata, significa che deve lavorare circa 333 tonnellate di minerale per estrarre un chilogrammo di oro. Al contrario, una società con un contenuto medio di oro di 6 grammi per tonnellata deve lavorare solo 167 tonnellate di minerale per estrarre la stessa quantità di oro. Questa differenza ha un impatto significativo sui costi e sul rendimento della società.

Qualità dell'oro

Anche la qualità dell'oro estratto è un fattore importante. L'oro puro è spesso mescolato con altri metalli presenti nel minerale, e queste impurità sono costose da rimuovere.

Inoltre, alcuni tipi di oro, come l'oro alluvionale (che si trova nei depositi di sabbia e ghiaia), sono più facili ed economici da estrarre rispetto all'oro contenuto nella roccia dura.

Accessibilità della riserva

Infine, la qualità di una riserva aurifera dipende non solo dal grado e dalla qualità dell'oro, ma anche dall'accessibilità della riserva. Le riserve d'oro che si trovano vicino alla superficie terrestre prevedono costi inferiori per l'estrazione rispetto a quelle che si trovano in profondità.

Allo stesso modo, le riserve vicine alle infrastrutture esistenti (come strade ed elettricità) sono meno costose da sfruttare rispetto a quelle situate in aree remote e di difficile accesso.

Come controllare le informazioni sulle riserve d'oro?

Rapporti annuali e trimestrali

Le società sono tenute per legge a pubblicare i loro rapporti annuali e trimestrali. Questi rapporti contengono spesso informazioni dettagliate sulle riserve auree della società, tra cui la quantità di oro che si stima possano contenere le miniere, il contenuto d'oro e il costo stimato per l'estrazione dell'oro. Questi rapporti sono generalmente disponibili sul sito web della società, nella sezione riservata agli investitori.

Dichiarazioni di riserve e risorse

Molte società pubblicano anche dichiarazioni specifiche sulle riserve e sulle risorse, che forniscono informazioni più dettagliate sulle loro riserve auree. Queste dichiarazioni includono informazioni sul metodo utilizzato per stimare le riserve, sulle ipotesi economiche utilizzate per determinare se l'oro può essere estratto con profitto, sui piani della società per il futuro sfruttamento di queste riserve, ecc.

Rapporti dei geologi

I rapporti dei geologi sono un'altra importante fonte di informazioni. Questi professionisti della geologia visitano i siti minerari e valutano le riserve auree in loco. I loro rapporti forniscono spesso una valutazione indipendente delle riserve auree dell'azienda.

Verifica degli standard di stima delle riserve

Le società devono utilizzare determinati standard per stimare le proprie riserve auree. I due standard più utilizzati sono quelli canadesi (NI 43-101) e quelli internazionali (JORC).

Questi standard definiscono le modalità di stima delle riserve e le informazioni da includere nei rapporti della società. È utile verificare che la società utilizzi questi standard e ne segua le linee guida.

Essere scettici

Infine, è sempre importante essere scettici nel valutare le informazioni sulle riserve auree. Le società hanno interesse a presentare le proprie riserve auree nella migliore luce possibile. È quindi opportuno confrontare le informazioni fornite dalla società con i rapporti di geologi indipendenti e le stime di altre società simili.

Esame dei costi di produzione dell'oro

Cash Cost

Il Cash Cost comprende i costi diretti di estrazione dell'oro dalla miniera, quali la manodopera (salari e benefit dei minatori), i materiali e le forniture necessarie per l'estrazione del minerale e i costi di lavorazione del minerale per l'estrazione dell'oro. Questo dato viene spesso utilizzato per valutare l'efficienza operativa di una specifica miniera.

Costo totale di produzione (All-inn Sustaining Cost)

Il costo totale di produzione va oltre il Cash Cost, includendo tutti i costi necessari per mantenere la produzione di oro al livello attuale. Oltre ai costi di estrazione, comprende anche:

- spese in conto capitale relative al mantenimento in efficienza della miniera e delle attrezzature,
- costi di riabilitazione dei siti dopo l'estrazione,
- spese amministrative generali,
- alcuni costi di esplorazione e sviluppo per nuove miniere

Il costo totale di produzione fornisce un quadro più completo di quanto una società spende per produrre ogni oncia d'oro.

Come posso trovare e interpretare le informazioni sui costi di produzione?

Dove trovare informazioni

La sezione dei risultati di estrazione di questi rapporti include generalmente i dettagli dei costi di produzione dell'azienda. Le società spesso rivelano il Cash Cost e il costo totale di produzione (all-in sustaining cost) per ogni oncia d'oro prodotta.

Questi dati si trovano solitamente nelle note alla sezione dei risultati di estrazione, o talvolta in una sezione separata dedicata alla discussione e all'analisi del management.

Come interpretare le informazioni

Quando si esaminano queste cifre, è importante contestualizzarle. Ad esempio, un basso costo a pronti indica un'attività mineraria efficiente, ma se il costo totale di produzione è elevato, significa che la società sta spendendo molto per l'amministrazione, la manutenzione della miniera, le attrezzature e così via.

Confrontate inoltre queste cifre con l'attuale prezzo di mercato dell'oro. Se i costi di produzione di una società sono vicini o superiori all'attuale prezzo dell'oro, ciò potrebbe indicare problemi di rendimento...

Infine, confrontate i costi di produzione della società con quelli di concorrenti del settore. Solo così si può avere un'idea della competitività della società!

Ricordate

Gli investimenti richiedono sempre la dovuta diligenza. I dati sui costi di produzione sono solo una parte del quadro generale. È importante considerare anche altri fattori, come le dimensioni e la qualità delle riserve auree della società, la sua posizione finanziaria, il suo management e le tendenze del mercato dell'oro.

F. ESEMPI DI SOCIETÀ

Newmont Corporation

Newmont Corporation, con sede a Denver, Colorado, è la più grande società di estrazione dell'oro al mondo in termini di produzione.

Perché Newmont: Newmont vanta una significativa presenza internazionale e un solido bilancio. È inoltre riconosciuta per il suo impegno in materia di responsabilità ambientale e sociale.

Tipo di società: Newmont è una società di estrazione dell'oro, il che significa che è attivamente impegnata nell'estrazione dell'oro dalle sue miniere.

Regione di attività: Newmont opera in diversi Paesi, tra cui Stati Uniti, Australia, Ghana, Perù e Suriname.

Dettagli finanziari e di mercato: nel 2020, Newmont ha registrato un fatturato di 11,5 miliardi di dollari e un utile netto di 2,8 miliardi di dollari. Il suo costo totale di produzione (AISC) è stato di 1.045 dollari l'oncia, un valore competitivo con quello di altre grandi società.

Riserve auree: nel 2020, Newmont ha dichiarato riserve auree accertate e presunte per 94,2 milioni di once.

Barrick Gold Corporation

Perché Barrick Gold Corporation: Barrick è nota per la grande capacità di produzione di oro, il solido portafoglio di attività minerarie e il solido bilancio. Inoltre, Barrick ha un'interessante politica dei dividendi che può interessare gli investitori in cerca di rendimenti costanti.

Tipo di società: Barrick Gold Corporation è una società di estrazione.

Regione di attività: Barrick opera in molti Paesi, tra cui Canada, Stati Uniti, Repubblica Dominicana, Australia, Perù, Cile, Argentina, Zambia, Arabia Saudita e Papua Nuova Guinea.

Dettagli finanziari e di mercato: Barrick è nota per la sua efficienza operativa e la capacità di mantenere i costi di produzione relativamente bassi, il che può contribuire a sostenere la sua redditività. Nel 2020, Barrick ha registrato un fatturato di oltre 12 miliardi di dollari e un utile netto di oltre 2 miliardi di dollari.

Riserve auree: nel 2020, Barrick ha dichiarato riserve auree accertate e presunte per 68 milioni di once.

AngloGold Ashanti

AngloGold Ashanti è una delle maggiori società di estrazione dell'oro al mondo. Ha sede a Johannesburg, in Sudafrica.

Perché AngloGold Ashanti: AngloGold Ashanti ha una forte presenza globale, con attività in Africa, Australia e Sud America. Questa diversificazione geografica attenua alcuni dei rischi associati all'estrazione in determinate regioni. Inoltre, la società dispone di un solido portafoglio di attività minerarie, che la rendono uno dei principali attori del settore dell'estrazione dell'oro.

Tipo di società: AngloGold Ashanti è una società di estrazione.

Regione di attività: la società opera in Sudafrica, Ghana, Guinea, Mali, Tanzania, Australia, Brasile, Argentina e Colombia. Le attività africane rappresentano una percentuale significativa della produzione totale di oro.

Dettagli finanziari e di mercato: la società ha una forte capacità di produrre oro a costi competitivi, e ciò le assicura un rendimento anche in presenza di oscillazioni dei prezzi dell'oro. Tuttavia, come ogni attività mineraria, AngloGold Ashanti è esposta a una serie di rischi.

Riserve auree: AngloGold Ashanti possiede notevoli riserve auree. Nel 2020, la società ha dichiarato riserve d'oro per 27,3 milioni di once.

Gold Fields Limited

Gold Fields Limited è una società di estrazione dell'oro con sede a Johannesburg, in Sudafrica, e attività in diversi Paesi.

Perché Gold Fields: Gold Fields è riconosciuta per la significativa produzione di oro e per il suo solido portafoglio di attività minerarie. È geograficamente diversificata e vanta una solida performance operativa.

Tipo di società: Gold Fields è una società di estrazione.

Regione di attività: Gold Fields opera in Sudafrica, Ghana, Australia e Perù.

Dettagli finanziari e di mercato: nel 2020, Gold Fields ha registrato un fatturato di oltre 3,6 miliardi di dollari. Il costo totale di produzione (AISC) è stato di 1.079 dollari l'oncia, un valore competitivo rispetto alle altre principali società di estrazione dell'oro.

Riserve auree: Gold Fields ha dichiarato riserve auree accertate e presunte pari a 52,3 milioni di once nel 2020.

Agnico Eagle Mines Limited

Agnico Eagle Mines Limited è una società mineraria aurifera con sede a Toronto, in Canada. È nota per le sue operazioni stabili e remunerative.

Perché Agnico Eagle Mines: Agnico Eagle è rinomata per la gestione efficiente e prudente delle sue miniere e per il bilancio stabile. È inoltre riconosciuta per la sua capacità di aumentare costantemente la produzione di oro.

Tipo di società: Agnico Eagle Mines è una società di estrazione dell'oro, il che significa che è attivamente impegnata nell'estrazione dell'oro dalle sue miniere.

Regione di attività: Agnico Eagle è presente in diversi Paesi, ma le sue attività sono concentrate principalmente in Canada, Finlandia e Messico.

Dettagli finanziari e di mercato: nel 2020, Agnico Eagle ha registrato vendite per quasi 3,2 miliardi di dollari. Il suo costo totale di produzione (AISC) è stato di 1.038 dollari l'oncia, un valore competitivo rispetto ad altre società di estrazione dell'oro.

Riserve auree: Agnico Eagle ha dichiarato riserve auree accertate e presunte pari a 21,6 milioni di once nel 2020.

B2Gold Corp.

B2Gold Corp. è una società mineraria aurifera di medie dimensioni con sede a Vancouver, in Canada. È nota per la rapida crescita e per la capacità di completare con successo i progetti minerari.

Perché B2Gold Corp: B2Gold è apprezzata per la sua rapida crescita. È anche riconosciuta per la capacità di mantenere bassi i costi di produzione.

Tipo di società: B2Gold è una società di estrazione dell'oro, il che significa che è attivamente impegnata nell'estrazione dell'oro dalle sue miniere.

Regione di attività: B2Gold opera in diversi Paesi, tra cui Mali, Filippine, Namibia e Colombia.

Dettagli finanziari e di mercato: nel 2020, B2Gold ha registrato vendite per quasi 1,8 miliardi di dollari. Il suo costo totale di produzione (AISC) è stato di 788 dollari l'oncia, un valore particolarmente basso rispetto ad altre società di estrazione dell'oro.

Riserve auree: B2Gold ha dichiarato riserve auree accertate e presunte pari a 6,8 milioni di once nel 2020.

Franco-Nevada Corporation

Franco-Nevada Corporation è una società con sede a Toronto, in Canada, che investe in oro e altri minerali. È la più grande società di royalties e flusso di metalli preziosi al mondo.

Perch é Franco-Nevada: Franco-Nev ada offre un'esposizione all'oro senza i rischi operativi associati all'estrazione mineraria. Dispone di un portafoglio diversificato di metalli preziosi e di flussi di royalties, che possono fornire un flusso di reddito più stabile rispetto all'estrazione diretta.

Tipo di società: Franco-Nevada non è direttamente coinvolta nell'estrazione dell'oro, ma genera reddito fornendo finanziamenti alle società minerarie in cambio di una quota della loro produzione futura o di royalties sulla loro produzione.

Regione di attività: Franco-Nevada ha accordi di royalties con società minerarie in tutto il mondo, in particolare in Nord America, America Latina e Australia.

Dettagli finanziari e di mercato: nel 2020, Franco-Nevada ha registrato un fatturato di quasi 1 miliardo di dollari. Essendo una società di royalties, non ha i tipici costi di produzione delle società minerarie.

Riserve auree: Franco-Nevada non possiede riserve auree proprie. Tuttavia, ha stipulato accordi con una serie di miniere d'oro che possiedono riserve consistenti.

Seabridge Gold Inc.

Seabridge Gold Inc. è una società con sede in Canada che cerca di acquisire proprietà aurifere ad alto potenziale e di svilupparle in collaborazione con altre società minerarie. Uno dei suoi progetti più importanti è il progetto KSM nella Columbia Britannica, uno dei più grandi depositi di oro e rame non sviluppati al mondo.

Perché Seabridge Gold: Seabridge Gold è specializzata nell'esplorazione di nuove zone aurifere ad alto potenziale. La società si concentra sull'acquisizione di proprietà aurifere promettenti e sulla realizzazione di studi approfonditi per valutarne il potenziale economico. I suoi sforzi di esplorazione sono supportati da un team di geologi ed esperti di esplorazione mineraria.

Tipo di società: Seabridge Gold si concentra sull'esplorazione e lo sviluppo di progetti auriferi su larga scala.

Regione di attività: Seabridge Gold si concentra principalmente su progetti nella Columbia Britannica, in Canada. Il progetto di punta, il progetto KSM, si trova in questa regione.

Dettagli finanziari e di mercato: il valore di Seabridge Gold è strettamente legato ai risultati dei suoi progetti di esplorazione. Quando vengono effettuate scoperte significative o quando le potenziali risorse aurifere vengono valutate positivamente, ciò può avere un impatto positivo sul valore della società. L'esplorazione mineraria comporta rischi intrinseci e non tutti i progetti si traducono necessariamente in un successo finanziario.

Osisko Mining Inc.

Osisko Mining Inc. è una società mineraria canadese focalizzata sulla scoperta di nuove risorse aurifere e sullo sviluppo di progetti minerari redditizi. Una delle sue attività principali è il progetto Windfall Lake, situato in Quebec, che ha visto importanti scoperte di oro di alta qualità.

Perché Osisko Mining: Osisko Mining adotta un approccio strategico all'esplorazione mineraria, concentrandosi su progetti ad alto potenziale in regioni geologicamente favorevoli. Si sforza di sviluppare risorse aurifere di qualità e di ottimizzare il valore delle proprie attività minerarie. Osisko Mining si avvale di un team di geologi ed esperti di esplorazione mineraria.

Tipo di società: Osisko Mining Inc. si concentra sull'esplorazione e lo sviluppo di proprietà aurifere in Canada.

Regione di attività: le attività di esplorazione di Osisko Mining si concentrano principalmente in Canada, con una presenza significativa in Quebec. Il progetto Windfall Lake, la sua principale attività, si trova in questa regione.

Dettagli finanziari e di mercato: il valore di Osisko Mining è strettamente legato ai risultati delle attività di esplorazione e alle scoperte aurifere effettuate. La scoperta di nuove risorse aurifere e le valutazioni positive del valore economico dei progetti possono avere un impatto positivo sul valore della società.

ATTENZIONE!

Non voglio che i miei lettori si trovino in una brutta situazione finanziaria.

Questo elenco non è una check-list miracolosa! Non deve essere vista come una bacchetta magica che vi aiuterà automaticamente a trovare aziende in cui investire in modo facile e veloce!

Tenete sempre presente che ci sono altri fattori da prendere in considerazione. Io a volte lascio un piccolissimo spazio (e intendo proprio un piccolissimo spazio) al mio istinto.

Anche se può sembrare strano, a volte il buon senso può essere un buon alleato. Quando si parla di denaro e di investimenti, vi consiglio di fare sempre un passo indietro e di valutare con attenzione ciò che leggete. Ad esempio, il fatto che un'azione abbia registrato una buona performance non significa necessariamente che continuerà a farlo in futuro!

Nessuno ha la sfera di cristallo e personalmente non sono Madame Irma! Quindi vi consiglio di stare alla larga dai consigli di chi vi dice che investire in azioni, ETF o qualsiasi altra attività è sicuro al 100%. In generale, quando è troppo bello per essere vero, è troppo bello per essere vero!

Per ampliare le vostre conoscenze e scoprire strategie collaudate per il successo in borsa, vi invito a leggere gli altri libri che ho scritto.

Vi forniranno consigli preziosi e suggerimenti indispensabili per massimizzare i vostri guadagni e mantenere un buon rendimento.

Non perdete questa opportunità di ampliare le vostre competenze in materia di investimenti e di portare la vostra carriera finanziaria al livello successivo!

CAPITOLO 12:

OBBLIGAZIONI GARANTITE DALL'ORO

A. INTRODUZIONE ALLE OBBLIGAZIONI GARANTITE DALL' ORO

Che cos'è un'obbligazione garantita dall'oro?

Un'obbligazione è uno strumento finanziario che rappresenta un debito contratto da un'entità, solitamente una società o un governo, nei confronti di un investitore. Se investite in un'obbligazione, prestate denaro all'emittente in cambio del pagamento regolare di interessi e del rimborso del capitale in una data successiva.

Nel contesto dell'industria orafa, un'obbligazione garantita dall'oro è un'obbligazione il cui rimborso è garantito dall'oro detenuto dall'emittente. In sostanza, l'emittente dell'obbligazione garantisce il rimborso del denaro investito utilizzando l'oro come attività soggiacente.

L'idea alla base delle obbligazioni garantite dall'oro è quella di fornire agli investitori una sicurezza aggiuntiva utilizzando un bene tangibile e di valore, come l'oro, per garantire il rimborso del debito. Queste obbligazioni sono potenzialmente più interessanti per gli investitori che desiderano beneficiare di un'esposizione all'oro pur godendo delle caratteristiche di uno strumento di debito.

Le obbligazioni garantite dall'oro sono emesse da enti come governi, istituzioni finanziarie o società minerarie. Ogni emissione ha termini e condizioni specifiche, tra cui la durata dell'obbligazione, il tasso di interesse, i termini di rimborso e le garanzie legate all'oro.

L'investimento in obbligazioni garantite dall'oro offre un'alternativa ad altre forme di investimento in oro.

Come funzionano le famose obbligazioni garantite dall'oro?

Le obbligazioni garantite dall'oro sono strutturate in modo da garantire agli investitori il rimborso del loro investimento utilizzando l'oro come garanzia. Ecco come funziona:

1. Emissione obbligazione: un ente, come un governo, un istituto finanziario o una società mineraria, emette un'obbligazione garantita dall'oro sul mercato finanziario. L'obbligazione specifica i termini e le condizionidelprestito, tra cui l'importo dell'obbligazione, la durata, il tasso di interesse e i termini di rimborso.

2. Garanzia in oro: l'emittente detiene una quantità specifica di oro che viene utilizzata come garanzia per il debito contratto con l'obbligazione.

3. Verifica e sicurezza dell'oro: per garantire la trasparenza e la sicurezza, l'oro utilizzato come garanzia è generalmente conservato in un conto o in una cassaforte sicura. Vengono adottate misure rigorose per verificare la quantità e la qualità dell'oro. Inoltre, vengono normalmente effettuate verifiche periodiche per assicurare che l'oro sia sempre disponibile per coprire le obbligazioni.

4. Pagamento degli interessi e rimborso: per tutta la durata dell'obbligazione, l'emittente paga periodicamente gli interessi agli investitori. Alla scadenza dell'obbligazione,

l'emittente rimborsa il capitale dell'investimento iniziale, utilizzando l'oro detenuto come garanzia.

5. Rischi e protezione dell'investitore: sebbene le obbligazioni garantite dall'oro offrano agli investitori un certo grado di sicurezza grazie alla garanzia dell'oro, esistono sempre dei rischi associati a questo investimento. Tali rischi includono le fluttuazioni del prezzo dell'oro, l'affidabilità creditizia dell'emittente e altri fattori economici e finanziari. È essenziale che gli investitori comprendano questi rischi e facciano ricerche approfondite prima di impegnarsi in obbligazioni garantite dall'oro.

B. VANTAGGI DELLE OBBLIGAZIONI GARANTITE DALL'ORO

Diversificazione del portafoglio

L'oro è spesso considerato un bene di diversificazione grazie alla sua bassa correlazione con altre classi di attività, come azioni e obbligazioni. Secondo uno studio pubblicato sul Journal of Portfolio Management, l'oro ha mostrato una correlazione negativa o debole con le azioni e le obbligazioni nel lungo periodo. Includendo le obbligazioni garantite dall'oro in un portafoglio diversificato, gli investitori potrebbero potenzialmente ridurre il rischio complessivo del loro portafoglio.

Copertura dall'inflazione

Uno studio del World Gold Council ha dimostrato che, in media, quando l'inflazione è aumentata dell'1%, il prezzo dell'oro è aumentato del 13%. Le obbligazioni garantite dall'oro offrono quindi agli investitori una certa copertura contro il deprezzamento della valuta e la perdita del potere d'acquisto.

Stabilità dei prezzi dell'oro

Le obbligazioni garantite dall'oro sono direttamente collegate alla performance dell'oro, quindi quando il prezzo dell'oro aumenta, anche il valore delle obbligazioni garantite dall'oro tende a salire. Il National Bureau of Economic Research ha concluso in uno studio che le obbligazioni garantite dall'oro hanno una correlazione positiva significativa con il prezzo dell'oro.

Liquidità

Le obbligazioni garantite dall'oro sono generalmente negoziate sui mercati finanziari, il che conferisce loro un certo grado di liquidità. Gli investitori possono acquistare e vendere queste obbligazioni con relativa facilità, consentendo loro di reagire rapidamente alle condizioni di mercato o alle esigenze di liquidità.

Rendimento potenziale

Le obbligazioni garantite dall'oro generano un potenziale rendimento sotto forma di pagamenti periodici di interessi. Gli emittenti di queste obbligazioni stabiliscono i tassi di interesse in base alle condizioni di mercato e alle condizioni specifiche dell'obbligazione. Si noti che i rendimenti delle obbligazioni garantite dall'oro variano in base alle fluttuazioni del prezzo dell'oro e dei tassi di interesse.

C. I RISCHI DELLE OBBLIGAZIONI GARANTITE DALL'ORO

Volatilità del prezzo dell'oro

I prezzi dell'oro sono soggetti a una notevole volatilità dovuta a fattori quali le fluttuazioni della domanda e dell'offerta, le condizioni economiche globali, le politiche monetarie e gli eventi geopolitici.

Le fluttuazioni del prezzo dell'oro hanno un impatto sul valore delle obbligazioni garantite dall' oro. Gli investitori devono essere preparati a questa volatilità e accettare le fluttuazioni del valore dei loro investimenti.

Rischio di credito

Le obbligazioni garantite dall'oro sono emesse da enti come governi, società minerarie o istituzioni finanziarie. Come per ogni investimento obbligazionario, esiste il rischio di insolvenza dell'emittente.

Gli investitori dovrebbero valutare la qualità del credito dell'emittente prima di investire in obbligazioni garantite dall'oro. Le agenzie di rating, come Standard & Poor's, Moody's o Fitch, forniscono rating di credito che aiutano gli investitori a valutare la solidità finanziaria dell'emittente.

Rischio di controparte

Le obbligazioni garantite dall'oro implicano contratti o accordi tra diverse parti. Esiste un rischio di controparte se una delle parti non rispetta i propri obblighi contrattuali, il che potrebbe comportare una perdita per l'investitore.

Rischio di liquidità

Sebbene le obbligazioni garantite dall'oro possano essere negoziate sui mercati finanziari, la loro liquidità varia. Alcuni emittenti offrono obbligazioni più liquide di altri. È necessario tenere conto della liquidità quando si investe in obbligazioni garantite dall'oro, poiché una scarsa liquidità rende difficile acquistare o vendere queste obbligazioni ai prezzi desiderati.

Rischio di cambio

Se le obbligazioni garantite dall'oro sono emesse in una valuta diversa da quella dell'investitore, esiste un rischio di cambio. Le fluttuazioni dei tassi di cambio influiscono sul valore delle obbligazioni garantite dall'oro quando vengono convertite nella valuta dell'investitore.

D. COME INVESTIRE IN OBBLIGAZIONI GARANTITE DALL'ORO?

Capire le opzioni di investimento

Acquisto diretto di obbligazioni

È possibile acquistare direttamente obbligazioni garantite dall'oro emesse da istituzioni finanziarie o società minerarie. Ciò richiede una ricerca approfondita degli emittenti delle obbligazioni e una negoziazione con loro o con i loro intermediari autorizzati. Si tratta di un'opzione riservata agli investitori esperti che desiderano un maggiore controllo sui propri investimenti.

Fondi specializzati

Esistono fondi di investimento specializzati in obbligazioni garantite dall'oro, come gli ETF. Questi fondi raccolgono capitali dagli investitori e li utilizzano per acquistare un portafoglio diversificato di obbligazioni garantite dall'oro. L'investimento in questi fondi offre una diversificazione immediata ed è più facile per gli investitori inesperti.

Piattaforme di trading online

Le piattaforme di trading online offrono un'altra opzione per investire in obbligazioni garantite dall'oro. Queste piattaforme consentono agli investitori di acquistare e vendere obbligazioni garantite dall'oro in modo trasparente e conveniente. Spesso offrono strumenti di analisi e informazioni dettagliate sulle obbligazioni disponibili, che possono aiutare gli investitori a prendere decisioni informate.

Selezione di un broker

Ecco alcuni esempi di noti broker di obbligazioni garantite dall'oro:

Interactive Brokers: Interactive Brokers è un broker online affermato che offre un'ampia gamma di strumenti finanziari, tra cui le obbligazioni garantite dall'oro. Si distingue per le commissioni competitive, la piattaforma di trading avanzata e l'accesso ai mercati internazionali.

TD Ameritrade: TD Ameritrade è un popolare broker online che offre una serie di prodotti finanziari, tra cui le obbligazioni garantite dall'oro. Offre strumenti di ricerca, una piattaforma facile da usare e un servizio clienti affidabile.

Charles Schwab: Charles Schwab è un altro broker online affidabile che offre una varietà di strumenti finanziari, tra cui le obbligazioni garantite dall'oro. Offre risorse educative, servizi di ricerca e assistenza clienti.

Fidelity Investments: Fidelity è un broker affidabile che offre una varietà di prodotti di investimento, tra cui le obbligazioni garantite dall'oro. Offre una piattaforma intuitiva, strumenti di ricerca approfonditi e un'assistenza clienti di alta qualità.

Si noti che questo elenco non è esaustivo e che esistono molti altri broker che offrono obbligazioni garantite dall'oro!

Ricerca e analisi

Emittente dell'obbligazione

Cercate informazioni sull'emittente dell'obbligazione garantita dall'oro. Può trattarsi di governi, istituzioni finanziarie o società minerarie. Consultate i rapporti finanziari dell'emittente per valutarne la salute e la stabilità finanziaria.

Rating di credito

Controllate i rating assegnati all'obbligazione da agenzie di rating come Standard & Poor's, Moody's o Fitch. Questi rating danno un'indicazione sulla qualità del credito dell'obbligazione e sulla capacità dell'emittente di rimborsare il proprio debito.

Le agenzie di rating assegnano dei rating alle obbligazioni garantite dall'oro per valutarne la qualità creditizia. Questi rating si basano generalmente su una scala alfabetica che indica il livello di rischio associato all'obbligazione. Ecco un esempio di una scala di rating comunemente utilizzata:

- AAA: il rating più alto, che indica un'eccellente qualità del credito e una probabilità di insolvenza molto bassa.
- AA: rating elevato, che indica un'ottima qualità del credito, ma leggermente inferiore a AAA.
- A: un rating solido, che indica una buona qualità del credito ma un rischio leggermente superiore a quello di un rating AA.
- BBB: rating considerato accettabile, che indica una qualità creditizia media con alcuni rischi associati.
- BB: rating basso, che indica una qualità del credito inferiore alla media con rischi più elevati.

- B: un rating ancora più basso, che indica una bassa qualità del credito con un livello di rischio significativo.
- CCC: rating molto basso, che indica una qualità del credito molto bassa con un elevato rischio di insolvenza.
- D: il rating più basso, che indica che l'emittente è già inadempiente rispetto alle sue obbligazioni.

Ogni agenzia di rating può avere una propria scala e criteri specifici per la valutazione. Per informazioni dettagliate sul rating assegnato a un'obbligazione, si consiglia di consultare i rapporti di rating delle agenzie.

Prospettive di mercato

Considerate le prospettive di mercato per l'oro e il contesto economico globale. Il prezzo dell'oro è influenzato da fattori quali l'inflazione, la domanda globale di oro e la stabilità geopolitica. Analizzate le tendenze e le previsioni del mercato dell'oro per valutare le prospettive di rendimento dell'obbligazione.

Rendimento e durata

Valutate il rendimento offerto dall'obbligazione garantita dall'oro e la durata dell'obbligazione. I rendimenti variano in base ai tassi di interesse e alle condizioni di mercato. Confrontate anche la durata dell'obbligazione con i vostri obiettivi di investimento a breve o a lungo termine.

Costi e tariffe

Considerate i costi associati all'acquisto e alla detenzione dell'obbligazione garantita dall'oro. Questi includono i costi di transazione, le commissioni di custodia e le commissioni di gestione. Prima di prendere una decisione d'investimento, accertatevi di aver compreso tutti i costi.

E. ESEMPI DI OBBLIGAZIONI GARANTITE DALL'ORO

Obbligazioni garantite dall'oro emesse da Barrick Gold Corporation

L'obbligazione garantita dall'oro emessa da Barrick Gold offre agli investitori un'esposizione alla performance della società nel settore dell'oro. Può offrire un rendimento regolare basato sui ricavi della società. All'ultimo conteggio, la percentuale della cedola era del 5,8%.

Obbligazioni garantite dall'oro emesse da Newmont Corporation

L'obbligazione garantita dall'oro consente agli investitori di partecipare ai risultati finanziari della società e alle oscillazioni del prezzo dell'oro. All'ultimo conteggio, la percentuale della cedola era del 5,87%.

Avete diverse opzioni per impostare il prezzo di acquisto

Ecco alcuni tipi di prezzi comunemente utilizzati dai broker:

- Prezzo di mercato (Market price): potete scegliere di acquistare le obbligazioni al prezzo di mercato corrente al momento dell'ordine. Ciò significa che accettate di acquistare le obbligazioni al prezzo più recente pubblicato sulla piattaforma di trading. Questa opzione è semplice e veloce, ma il prezzo può fluttuare tra il momento in cui si effettua l'ordine e quello in cui viene eseguito.

- Prezzo limite (Limit price): è possibile specificare un prezzo limite, ossia il prezzo massimo che si è disposti a pagare per le obbligazioni. Se il prezzo di mercato raggiunge o scende al di sotto del prezzo limite, l'ordine di acquisto verrà eseguito. Se il prezzo supera il vostro limite, l'ordine non verrà eseguito. Questa opzione vi consente di controllare con precisione il prezzo al quale desiderate acquistare le obbligazioni.

- Ordine a mercato (Best price order): potete scegliere di eseguire l'ordine di acquisto al miglior prezzo disponibile sulla piattaforma di trading al momento dell'inserimento dell'ordine. Ciò significa che si accetta il prezzo più favorevole tra le offerte disponibili sul mercato. Questa opzione può essere utilizzata se si desidera ottenere le migliori condizioni di esecuzione per il proprio ordine.

F. MONITORAGGIO E GESTIONE DEGLI INVESTIMENTI

Seguendo questi consigli, potrete gestire con maggiore sicurezza il vostro investimento in obbligazioni garantite dall'oro e prendere decisioni informate in linea con i vostri obiettivi finanziari.

Monitoraggio dei pagamenti degli interessi

Le obbligazioni garantite dall'oro generano pagamenti periodici di interessi. Assicuratevi di monitorare questi pagamenti e di assicurarvi che siano effettuati in conformità con i termini dell'obbligazione.

Rimborso anticipato

L'emittente delle obbligazioni garantite dall’oro può decidere di rimborsarle prima della scadenza. In questo caso, riceverete l'importo corrispondente al rimborso anticipato. Prestate molta attenzione a questi annunci, poiché hanno un impatto sulla durata del vostro investimento.

Monitorate le condizioni del mercato dell'oro

I prezzi dell'oro fluttuano in base alle condizioni economiche e geopolitiche. Tenete d'occhio gli sviluppi del mercato dell'oro, in quanto influenzano il valore delle vostre obbligazioni garantite dall'oro.

Rivalutate la vostra strategia di investimento

Vi consiglio di rivalutare la vostra strategia di investimento in obbligazioni garantite dall'oro una o due volte l'anno. In questo modo, potrete tenere conto dei potenziali cambiamenti del mercato e adattare il vostro portafoglio di conseguenza. Tuttavia, vi consiglio di non reagire in modo eccessivo alle fluttuazioni a breve termine, poiché le obbligazioni garantite dall'oro sono considerate un investimento a lungo termine. Una nuova valutazione vi aiuterà a garantire che la vostra strategia rimanga in linea con i vostri obiettivi finanziari a lungo termine.

Consultate regolarmente i rapporti finanziari

Gli emittenti di obbligazioni garantite dall'oro pubblicano regolarmente rapporti finanziari. Prendetevi il tempo di consultarli per ottenere informazioni sui risultati finanziari dell'emittente, sui progetti in corso e sulle prospettive future.

Fate attenzione alle informazioni

Assicuratevi di utilizzare fonti di informazione affidabili e di prendere in considerazione i fattori rilevanti per il vostro investimento. Fate attenzione alle informazioni non verificate o alle speculazioni eccessive...

PARTE 4:
TASSAZIONE DELL'ORO

"Non esiste difficoltà che l'oro non superi".

Luís Vaz de Camões

CAPITOLO 13:

TASSAZIONE DELL'ORO FISICO

A. TASSAZIONE DI ACQUISTO E VENDITA DI ORO IN ITALIA

Le diverse categorie secondo le autorità fiscali

1. **Metalli preziosi (lingotti, monete, etc.)**: In Italia, la vendita di oro fisico, come lingotti o monete d'oro, può essere soggetta a imposte sui capital gain, a seconda delle condizioni specifiche e del periodo di detenzione. Inoltre, la vendita di oro da parte di privati può richiedere la comunicazione all'Agenzia delle Entrate.

2. **Monete da collezione e numismatiche**: Le monete storiche o da collezione possono essere soggette a un regime fiscale diverso, dipendente dal loro valore collezionistico piuttosto che dal loro contenuto in metallo prezioso.

3. **Monete a corso legale**: Per le monete d'oro che hanno ancora corso legale, la tassazione può dipendere dal valore nominale e dalla frequenza delle transazioni.

Si raccomanda di consultare una fonte fiscale affidabile in Italia, come il sito dell'Agenzia delle Entrate, per ottenere informazioni aggiornate e dettagliate sui vari regimi fiscali applicabili all'oro fisico.

Monete a corso legale

Ecco un elenco non esaustivo di monete a corso legale:

- Australian Nugget (Australia)
- Britannia (Regno Unito)
- Eagle US (Stati Uniti)
- Krugerrand (Sudafrica)
- Maple Leaf (Canada)
- Filarmonica di Vienna (Austria)
- Souverain (Regno Unito)
- Vera Valor Elisabeth II (Regno Unito)

B. ACQUISTO

IVA

Oro da Investimento: In Italia, l'acquisto di oro da investimento, come lingotti e alcune tipologie di monete d'oro, è generalmente esente da IVA. Questo include lingotti o barre d'oro con una purezza pari o superiore a 995 millesimi e monete d'oro che sono o sono state di corso legale nel loro paese di origine, con una purezza pari o superiore a 900 millesimi.

Gioielli e altri oggetti in oro: A differenza dell'oro da investimento, l'acquisto di gioielli e altri oggetti in oro in Italia è soggetto a IVA. Il tasso di IVA applicato può variare e dipende dalla natura specifica del prodotto.

Esempi di prodotti esenti da IVA: Un esempio di oro esente da IVA è un lingotto o una moneta d'oro che soddisfa i criteri di purezza e di corso legale menzionati sopra. Ad esempio, una moneta come il Marengo italiano, che ha avuto corso legale, è coniata dopo il 1800 e ha una purezza di 900 millesimi o superiore, rientrerebbe in questa categoria e sarebbe esente da IVA.

C. RIVENDITA

Rivendete senza farvi fregare

Per Per poter rivendere il vostro oro in Italia e gestire le tasse correttamente:

Dimostrazione di Acquisto: Dovete essere in grado di dimostrare la data e il valore dell'acquisto dell'oro. È essenziale conservare ogni documentazione relativa all'acquisto, come fatture o ricevute.

Fattura del Prodotto Acquistato: È necessario disporre della fattura associata all'oro acquistato. Nel caso dei lingotti, questo è spesso facilitato dal numero seriale che è riportato sia sul lingotto che sulla fattura. Per le monete, invece, poiché non hanno un numero seriale univoco, è cruciale conservare il pezzo insieme alla fattura e, se possibile, in condizioni sigillate.

La scelta è vostra

Quando decidete di rivendere il vostro oro, avete due opzioni fiscali:

Imposta Forfettaria: In Italia, esiste l'opzione di una tassa forfettaria sulla vendita dell'oro, che può essere una scelta conveniente a seconda della situazione.

Regimedi Tassazione delle Plusvalenze: Alternativamente, potete optare per la tassazione sulle plusvalenze realizzate dalla vendita dell'oro.

Vi consiglio di valutare attentamente quale opzione fiscale sia più vantaggiosa per voi, al fine di massimizzare i vostri profitti.

Dichiarazioni da fare

Vendete il vostro oro? Ecco le regole fiscali da considerare in Italia:

Minusvalenze e Plusvalenze: In Italia, se realizzate una minusvalenza o una plusvalenza zero sulla vendita dell'oro, o se lo detenete per un periodo superiore a un certo limite di tempo (da verificare con le normative attuali), potrebbe non essere necessario dichiarare o pagare imposte su tale vendita.

Vendite all'Interno dell'Unione Europea: Per le vendite di oro effettuate all'interno dell'UE, il venditore deve presentare una dichiarazione fiscale specifica entro un termine prestabilito (da confermare in base alla normativa italiana attuale). L'imposta applicabile sarà calcolata e pagata in base a queste disposizioni.

Intermediari e Acquirenti in UE: Se la transazione coinvolge un intermediario o un acquirente in un altro paese dell'UE, si potrebbero applicare regole specifiche. È importante verificare le normative fiscali applicabili sia in Italia che nel paese dell'UE coinvolto.

Opzione per l'Imposta sulle Plusvalenze Mobiliari: I venditori possono scegliere di pagare l'imposta sulle plusvalenze mobiliari, presentando una dichiarazione fiscale specifica entro un termine stabilito dopo la vendita.

Vendite al di Fuori dell'Unione Europea: Per le vendite effettuate al di fuori dell'UE, le normative fiscali possono variare. È responsabilità del venditore residente in Italia rispettare le normative fiscali applicabili e presentare le dichiarazioni necessarie.

Attenzione

È importante sottolineare che la responsabilità di rispettare la legislazione fiscale vigente spetta a ciascun individuo. Poiché la legislazione fiscale può cambiare rapidamente, vi consiglio vivamente di tenervi aggiornati su eventuali modifiche per adempiere ai vostri obblighi fiscali.

CAPITOLO 14:

TASSAZIONE DELL'ORO DI CARTA

L'oro di carta non è soggetto a imposte sull'acquisto in Italia, a differenza di alcune tasse specifiche che potrebbero essere applicate in altri paesi.

A. IMPOSTA SUI DIVIDENDI

I dividendi sono il reddito generato dalle azioni di una società. In Italia, i dividendi ricevuti da un investitore sono generalmente soggetti all'imposta sul reddito. L'aliquota fiscale applicabile ai dividendi può variare e può essere soggetta a cambiamenti normativi.

B. IMPOSTA SULLE PLUSVALENZE

Le plusvalenze, o i guadagni realizzati dalla vendita di un'attività di borsa, sono tassate in Italia. La tassazione delle plusvalenze da investimenti finanziari come ETF, obbligazioni, o azioni dipende dalla natura dell'investimento e dalla durata del periodo di detenzione. Le aliquote e le regole fiscali possono variare e sono soggette a normative specifiche.

Nota: Le informazioni fornite qui sono generali e possono non essere aggiornate o complete. Si consiglia di consultare un esperto fiscale o di riferirsi alle normative fiscali italiane attuali per informazioni dettagliate e specifiche.

CAPITOLO 15:

OTTIMIZZARE LEGALMENTE LE IMPOSTE CON UN CONTO TITOLI ORDINARIO IN ITALIA

A. ETF AD ACCUMULAZIONE SULL'ORO

Una tecnica interessante

L'acquisto di ETF ad accumulazione può essere una strategia utile per ridurre l'imposizione sui dividendi in Italia, proprio come in Francia. La caratteristica degli ETF ad accumulazione è che non distribuiscono dividendi agli investitori, ma reinvestono i guadagni.

Questo approccio significa che gli investitori non sono direttamente tassati sui dividendi, poiché effettivamente non ne ricevono. Tuttavia, i guadagni realizzati grazie alla capitalizzazione degli ETF saranno soggetti all'imposta sulle plusvalenze al momento della vendita.

Scegliendo gli ETF ad accumulazione, i guadagni non vengono distribuiti ma reinvestiti, generando ulteriori guadagni. Questo può essere particolarmente vantaggioso a medio e lungo termine grazie all'effetto dell'interesse composto.

Ritardare la tassazione delle plusvalenze

Ritardando la tassazione delle plusvalenze fino alla vendita del titolo, gli investitori possono ridurre l'onere fiscale in Italia. Questa strategia è particolarmente adatta per chi investe a lungo termine e desidera massimizzare i guadagni.

In termini pratici, è più vantaggioso essere tassati su un importo maggiore realizzato in futuro piuttosto che su importi minori nel breve termine. Questo approccio permette di sfruttare al meglio la crescita del capitale investito.

B. UTILIZZARE LE PERDITE PER RIDURRE LE IMPOSTE

Importante

È necessario capire la differenza tra:

- plusvalenza reale
- plusvalenza latente

e...

- minusvalenza reale
- minusvalenza latente

Quando si acquista un'attività finanziaria, come un'azione, il prezzo può salire o scendere. Se il prezzo sale e si vende l'azione, si realizza una plusvalenza, cioè si guadagna denaro. Al contrario, se il prezzo scende e si vende l'azione, si realizza una vera e propria minusvalenza, cioè si perde denaro.

Se invece l'attività finanziaria non è stata venduta, la variazione di valore è detta latente. Ad esempio, se avete acquistato un'azione a 100 euro e il suo prezzo è ora di 120 euro, avete una plusvalenza latente di 20 euro. Tuttavia, questa plusvalenza sarà reale solo se si vende l'azione. Lo stesso vale per una perdita latente: finché non avete venduto l'attività finanziaria, la perdita è solo sulla carta!

La tassazione non si basa su plusvalenze e minusvalenze latenti!

La tassazione si basa sull'effettiva plusvalenza realizzata con la vendita di un'attività finanziaria (azioni, ETF, ecc.)!

Se un investitore realizza una plusvalenza latente su un'attività finanziaria, non sarà tassato. La tassazione scatta solo quando l'investitore vende l'attività finanziaria con una plusvalenza. Inoltre, se l'investitore realizza una minusvalenza reale, può utilizzarla per ridurre l'imposta sui guadagni realizzati sulle plusvalenze reali.

Il mio ultimo consiglio

Spero che tutto questo gergo fiscale non vi abbia fatto venire il mal di testa!

Era essenziale per me fornirvi le informazioni più rilevanti, in modo che non veniate colti di sorpresa dalle complessità fiscali...

A rischio di ripetermi, i sistemi fiscali variano notevolmente da Paese a Paese.

Se avete domande senza risposta, vi consiglio vivamente di consultare un esperto fiscalista o di chiedere consiglio al vostro broker! A volte è meglio perdere un po' di tempo e denaro consultando degli specialisti piuttosto che fare scelte avventate che alla lunga vi costeranno di più...

Inoltre, non dobbiamo dimenticare che le leggi cambiano. Ciò che era vero ieri potrebbe non esserlo oggi!

Esprimete la vostra opinione!

I vostri suggerimenti e le vostre critiche sono preziosi.

Rendono ogni esperienza di lettura ancora più soddisfacente!

Grazie mille per aver letto il mio libro.

CONCLUSIONE

Questo è il termine del vostro viaggio nel mondo degli investimenti in oro. Avete scoperto le molte sfaccettature di questo bene prezioso e come può contribuire al vostro successo finanziario. Ora è il momento di agire e di sfruttare i vantaggi dell'oro per costruire un solido futuro finanziario.

Più che un semplice metallo prezioso, l'oro è un simbolo di sicurezza e conservazione del patrimonio. In un mondo di continui cambiamenti, mercati volatili e valute instabili, l'oro offre stabilità e protezione senza pari. È un bene rifugio che mantiene il suo valore anche in caso di crisi economiche, sconvolgimenti politici e fluttuazioni valutarie.

Scegliere di investire in oro significa aprire le porte a un mondo di opportunità. Diversificare il proprio portafoglio con l'oro può ridurre il rischio e mitigare gli effetti delle fluttuazioni dei mercati tradizionali. Potete godere dei vantaggi di un asset non correlato alle azioni e alle obbligazioni, proteggendo così il vostro patrimonio.

Ma l'oro offre anche una prospettiva di crescita. Analizzando le tendenze del mercato, monitorando gli indicatori economici e comprendendo le forze che influenzano il prezzo dell'oro, è possibile ottenere guadagni in conto capitale. Che si scelga di investire in oro fisico, in fondi auriferi o in azioni di miniere d'oro, esistono diversi modi per capitalizzare il valore crescente dell'oro.

Tuttavia, non dimenticate che l'investimento in oro richiede un approccio ponderato e informato. Fate le vostre ricerche, consultate fonti affidabili e non esitate a chiedere l'aiuto di esperti del settore. Comprendete i rischi e i benefici associati a ciascun tipo di investimento in oro e adattate la vostra strategia ai vostri obiettivi e al vostro profilo di investitore.

L'oro è molto più di un semplice metallo prezioso. È un potente strumento finanziario che può aiutarvi a raggiungere i vostri obiettivi e a garantire il vostro futuro finanziario. Se state cercando di proteggere il vostro patrimonio, di diversificare i vostri investimenti o di capitalizzare le opportunità di crescita, sono sicuro che giocherà un ruolo fondamentale nel vostro portafoglio.

Quindi non indugiate. Agite e tuffatevi nel mondo dell'oro!

Per ampliare le vostre conoscenze e scoprire strategie collaudate per investire con successo, vi invito a leggere gli altri libri che ho scritto.

Vi forniranno consigli preziosi e suggerimenti indispensabili per massimizzare i vostri guadagni e mantenere un buon rendimento.

Non perdete questa opportunità di ampliare le vostre competenze in materia di investimenti e di portare la vostra carriera finanziaria al livello successivo!

BIBLIOGRAFIA

Libri

- Colleu, Y. (2014). *Investir dans les métaux précieux : Le guide pratique complet*. Editions Eyrolles.

- Leconte, P. (2012). *Guide de l'Investissement en or et autres métaux précieux.*

- Herlin, P. (2012). *L'or, un placement d'avenir : Guide pratique: comment acheter et gérer de l'or*. Editions Eyrolles.

- Perrin, N. (2018). Investir sur le marché de l'or : Comprendre pour agir. Arnaud Franel Editions.

- Hagstrom, R. G. (2013). *The Warren Buffett Way*. Wiley.

- Graham, B. e Zweig, J. (2023). *The Intelligent Investor Rev Ed: The Definitive Book on Value Investing*. Generic.

- Lynch, P. (1999). *Et si vous en saviez assez pour gagner en bourse*. VALOR.

- Lynch, P. e Rothchild, J. (2012). *Beating the Street*. Simon & Schuster.

- Fisher, P. A. (2000). *Actions ordinaires et profits extraordinaires*. Valor.

- Horny, G. (2022). *Je me mets à la bourse pour les Nuls*. FIRST.

SITOGRAFIA

Chiarimenti importanti

Si prega di notare che i siti citati sono forniti solo a scopo informativo e non costituiscono una consulenza sugli investimenti. È importante notare che questi link non sono link di affiliazione e non generano alcuna remunerazione per l'autore o l'editore.

Organi ufficiali:

Sito ufficiale del governo italiano sull'economia: www.mef.gov.it/

Sito ufficiale delle finanze pubbliche italiane: www.agenziaentrate.gov.it/index.htm?v=20231003

Sito ufficiale dell'autorità dei mercati finanziari italiana (CONSOB): www.consob.it/

Svizzera: Autorità federale di vigilanza sui mercati finanziari (FINMA): www.finma.ch/it/

Altri siti :

- Google Finance : www.google.com/finance/?hl=it
- Yahoo Finance : https://it.finance.yahoo.com/
- S&P Global Ratings: www.spglobal.com/ratings/en/index
- Motley Fool: www.fool.com/
- Seeking Alpha : https://seekingalpha.com/

- Forbes Investing: www.forbes.com/investing/
- Investing.com: www.investing.com
- Bloomberg: www.bloomberg.com/markets
- Morning Star: www.morningstar.it/it/
- Zona Bourse: www.zonebourse.com
- Trustpilot: https://it.trustpilot.com/

IMMAGINI

- www.freepik.com